胎蔵曼荼羅（観蔵院蔵）

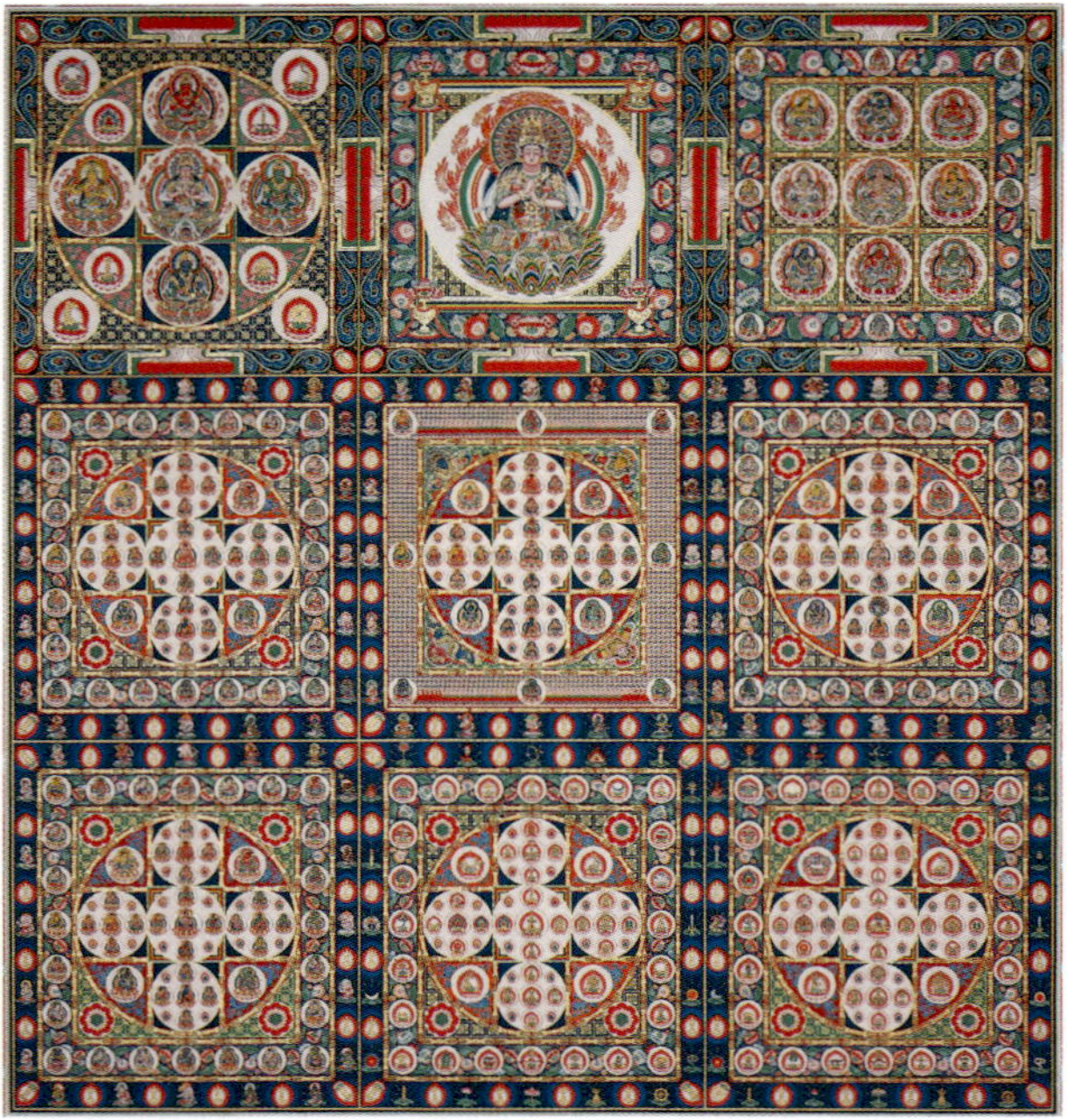

金剛界曼荼羅（観蔵院蔵）

図解 曼荼羅入門

小峰彌彦

角川文庫
19627

はじめに

最近は美術館などでも曼荼羅《まんだら》を展示する機会が増え、これを見て見事に描かれた仏・菩薩像の緻密さや色彩の美しさに感動する人が多いそうです。しかし私たちの心を震わせる曼荼羅も、そこに織り込まれている教義の意味などに関しては皆目分からないというのが本音ではないでしょうか。

もとより曼荼羅と一口にいっても、たとえば密教の金剛界《こんごうかい》曼荼羅・胎蔵《たいぞう》曼荼羅・八十一尊曼荼羅・別尊《べっそん》曼荼羅などに加え、それ以外の宗旨にも観経《かんぎょう》曼荼羅や法華《ほっけ》曼荼羅など様々な曼荼羅が存在します。それゆえこれらの曼荼羅の全てを理解するのは容易ではありませんが、少しでも内容に触れれば興味はさらに増すと思います。

本書はこのように種々に存在する曼荼羅の中で、最も基本的でありかつ重要なものを取り上げ、その内容の平易な解説を試みたものです。

曼荼羅が密教において最も重視されていることは、真言宗が曼荼羅宗と別称されることからも知られます。その大事な曼荼羅の中で極め付きのものが「現図《げんず》曼荼羅」と称されるものです。

この現図曼荼羅は真言宗の開祖・空海（七七四―八三五年）が中国に渡り日本に持ち帰ったもので、金剛界曼荼羅と胎蔵曼荼羅の二つがあることから「両部《りょうぶ》曼荼羅」ともいわれます。現図曼荼羅は真言密教の教義内容を網羅していることはもとより、数多い曼荼羅の中でも他を圧倒するスケールの大きさを持ち、加えて構造的にも実に調和がとれており、最も完成された曼荼羅といえます。さらにこの両部曼荼羅には、教理的あるいは哲学的な意味ももちろんですが、文化的・芸術的な価値さえも見いだすことができるのです。

これらの理由から曼荼羅に関する書物もかなり出版されていますが、現図曼荼羅のみを詳細に、しかも分かりやすく解説したものは案外少ないのです。わずかに石田尚豊『両界曼荼羅の智慧』（東京美術）とか拙著『曼荼羅図典』（大法輪閣）などを挙げることができますが、これらはあまりにも大部であり手軽に持ち歩けるものではありません。

それゆえ本書は曼荼羅を鑑賞するときなど、手に携える大きさで、しかも内容の理解がしやすいように心がけました。そのために図版を多く入れたり、注記などを省いた解説をしていきたいと思っています。

本書の図版は『曼荼羅図典』所収の観蔵院曼荼羅（染川英輔画）のものを用いました。現存している現図曼荼羅は、古いものも新しいものも全て模写によるものです。ですから現存の現図曼荼羅は何度も模写を繰り返してきた長い歴史と相俟って、多岐にわたる複雑な内容を持っていることと、経典の記述と異なる部分も少なからずあります。図絵されたものと経典の記述が相違することはこれまで指摘されていましたが、新たに制作された曼荼羅のどれを見てもこの問題点は残したままにして模写されてきています。

しかし観蔵院曼荼羅は、新たに現図曼荼羅を描くにあたって、できる限り経典の記述に沿うように心がけ、それを踏まえて図像も模写ではなくデッサンから描き起こしたのです。それゆえ現図曼荼羅の内容を解釈するとき、観蔵院曼荼羅はどうしても参照する必要があったからです。

本書の内容は三章構成となっています。第一章は「真言密教と曼荼羅」と題し、密教の基本的なところを曼荼羅を中心として述べたものです。そして第二章の「胎蔵曼荼羅の見方」と第三章の「金剛界曼荼羅の見方」は現図曼荼羅の解説であり、実際の両部曼荼羅の図絵を前にしてご利用いただくためのものです。目的によって使い分けていただければ幸甚です。

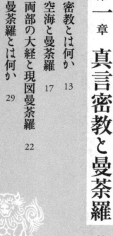

本文デザイン　五十嵐徹（芦澤泰偉事務所）
本文図版作成　小林美和子

第一章　真言密教と曼荼羅

密教とは何か

密教における「秘密」

密教は後期大乗仏教とも称され、広義には大乗仏教の範疇に包括されるものです。しかし大乗仏教といっても歴史は古く、紀元前後には既に初期大乗仏教が積極的な運動を展開しているのです。もとより密教はそれ以降のものですが、密教の信仰自体はかなり古くからあったとされています。ただし今日見られるような本格的な密教が登場するまでには、かなりの時間を必要としています。すなわち初期大乗仏教が興起してより数百年の後、およそ七世紀初頭の頃です。このように同じ大乗仏教の流れにありながら、密教成立までにかなりの時間が経過していることもあり、思想内容には大きな変遷が見られます。言い換えれば密教の教理・思想は、大乗仏教が掲げた「大悲」とか「方便」といった利他の精神を基調としながら、具体的な教義や実践方法などはかなり変容しているのです。

密教とは秘密仏教の略称です。秘密とは私たちが日常使用している「隠す」とか「内緒にする」といった意味ではなく、仏陀の内証を指す言葉です。内証とは悟りの境界であり、日常言語では語ることができない領域です。それゆえこれまで多くの仏教が登場し、この内証にもとづいた教えを説いてきましたが、内証そのものの境界は「言語道断・心行処《しんぎょうしょ》滅《めつ》」、すなわち「悟りの境地はあまりにも奥深いので、言葉や思想・概念で語ることができない領域である」として沈黙してきました。これに対して密教はその内証を「秘密」という言葉に置き換え、これまでの仏教が語り得なかった深い悟りの内実を説示することを宣言し、これを旗標《はたじるし》としました。ですから密教は秘密めいた怪しげな教えではなく、むしろ「釈尊の悟りとは何か」という根本命題を真摯に探求し、これまでよりさらに深い宗教体験を踏まえた上に展開したものと見ることができます。

このことは、たとえば初期大乗仏教を代表する般若経が、これまで説示されなかった「甚深《じんじん》の般若波羅蜜から流れでた真の釈尊の教えを今こそ明示する」として、新たな大乗仏教運動を展開した姿勢と基を一つにしています。このような姿勢は釈尊が鹿野苑《ろくやおん》で最初に五比丘《びく》に教えを説いた「初転法輪《しょてんぼうりん》」にも重ね合わせられます。般若経を信奉する菩薩たちは、まさに釈尊に代わり「第二の転法輪を行う」という自覚を持っていました。同様に、釈尊の内証を説くことを宣言した密教も、自らを「第三の転法輪」を展開するものと位置づけていたのです。

密教の独自性

仏教の歴史を見ると、悟りを得たいと願い必死に修行する人たちと、衆生救済こそ本義であるとする人たちとの二つの流れがあります。前者は声聞乗《しょうもんじょう》（小乗仏教）に代表されますが、これは自利的要素が非常に強いものです。これに対して後者は大乗仏教の主張であり、利他行を旗標としています。密教はこの「自利」と「利他」のどちらか一方を強調するのではなく、この二つを円満するような視点を持っていると捉えることができます。

自利的な面は、釈尊が苦行を捨てて菩提樹下に端坐し、悟りを獲得して仏陀となった、その宗教体験を注視した上で、この成仏の構造を示した儀軌《ぎき》や次第《しだい》などにもとづく独自の修行の実践を提唱したことです。このことは釈尊に代わる大日如来《だいにちにょらい》という新たな仏陀観を根幹に据え、それまでの小乗仏教や大乗仏教の教理を超えた、より甚深な悟りを体現しようと試みたものです。

利他的な面は、こういった宗教体験・神秘体験を通じ、他を利益《りやく》するために真言や陀羅《だら》尼《に》を読誦《どくじゅ》して人々と共に歩む衆生救済の実践です。これは初期大乗仏教の「経巻の受持・読誦」の運動を踏まえ、さらに密教的に構築したものです。つまり密教は悟りを目指し修行する出家者の立場を尊重しながら、一方では大乗仏教の利他の精神を大切な柱としているのです。すなわち密教独自の即身成仏《そくしんじょうぶつ》を目指す修行に代表される三密行《さんみつぎょう》という自利的な修行と、その宗教体験を踏まえた上の衆生利益のための利他行、その両者を併せ持つものと見ることができるのです。

日本における密教は空海によって、真言宗として弘められました。空海は真言密教として修行の面では「即身成仏思想」を掲げ、利他の面では「教益の優れていること」を主張しました。即身成仏とは、釈尊のように現世においてこの身このままに悟りを得ることができる、とする考えです。そして教益に関しては「密教の教えは内証そのものを説くので優れている」とするのです。空海はこれらの考えを基調とし、密教と一般仏教との相違を強調しています。

その空海の密教は、中国に渡って恵果阿闍梨《けいかあじゃり》から相伝され、日本へ伝えられました。もとより密教と名の付く経典や信仰は、空海が伝えるそれ以前の奈良時代にも既に伝来していました。それは空海自身も久米寺の東塔において『大日経《だいにちきょう》』を感得している史実からも知られます。空海は入唐する以前から密教の存在を知っていましたし、さらに空海ほどの頭脳の持ち主であれば『大日経』の教理上の理解は十分になしえたはずです。それにもかかわらず密教を学ぶため、極めて危険な航海を覚悟して唐に渡ったことは、空海に並々ならぬ深い意図があったことを示しているといえましょう。

空海と曼荼羅

空海が唐に求めたもの

空海は何を求めて入唐したのか、その理由は様々に論じられています。その理由については、一般には「密教の教えは甚深であるため、経や論に説かれている文字通りの解釈では、表面的な理解は成しえても密教の神髄までは分からない。それが分かるためには密教の修行を完成し、曼荼羅を体現した師僧について灌頂《かんじょう》を受け、言葉を超えた根源的な教えを学びとり相承《そうじょう》する必要がある。これに加えて密教の修行や儀式の執行に不可欠な仏像・仏具・仏画なども手に入れなくてはならないため」といわれています。

空海は仏教を理解するには、浅略釈《せんりやくしやく》と深秘釈《じんぴしやく》との二つがあるとします。一般の仏教の理解は浅略釈ですみますが、密教は深い宗教体験を踏まえた理解、すなわち深秘釈でなくてはならないとします。経典を読んで表面的な理解で満足するのは浅略釈であり、それではとうてい密教の神髄は会得できないのです。しかし深秘釈による密教を学びたくとも、密教を伝授する師僧も修行に必要な法具類も、そのいずれも当時の日本には整っていなかったのです。単なる知的な理解ではなく、密教の深秘な本質を知るためには、空海はどうしても唐に渡らねばならなかったのです。

空海が伝えた曼荼羅

空海の入唐には、たとえば「灌頂を授かること」などをはじめとする、いくつかの具体的な目的があったはずです。その種々な目的の中でも曼荼羅を持ち帰ることは、とりわけ大きな願望であったと考えられます。なぜならそれは『御請来目録《ごしょうらいもくろく》』に「和尚いわく、真言秘蔵は、経疏《きょうしょ》に隠密にして、図画を仮らざるは相伝することあたわず」と恵果阿闍梨の言葉を記しているように、空海にとって曼荼羅は密教の相承には欠くべからざるものであるという考えが確固としてあったからです。現図曼荼羅は空海にとって恵果阿闍梨より相承した密教の確証そのものだったのです。

空海は『御請来目録』に「すなわち供奉《くぶ》丹青・李真《りしん》などの十余人をよんで胎蔵・金剛頂等の大曼荼羅など十鋪《ほ》を図絵す」と記しているように、恵果阿闍梨の許しを得て唐の宮中画家である李真などに依頼し、次に掲げた曼荼羅を図画させました。

一、大毘盧遮那《だいびるしゃな》大悲胎蔵大曼荼羅一鋪　七幅一丈六尺

一、大悲胎蔵法曼荼羅一鋪

一、大悲胎蔵三昧耶《さんまや》略曼荼羅一鋪　三幅
一、金剛界九会《くえ》曼荼羅一鋪　七幅一丈六尺
一、金剛界八十一尊大曼荼羅一鋪　三幅

このうち金剛界曼荼羅と胎蔵曼荼羅は一丈六尺ですから、およそ五メートル四方もある大きな曼荼羅です。これだけのものを短期間に描かせることは容易なことではありません。なぜならこのようなスケールの曼荼羅を描くには優れた画師を中心に、多くの専門家が携わることが不可欠だからです。それに加え多額な費用が必要であることはもとより、唐の一流の人たちに曼荼羅を依頼できる人間関係もなくてはなりません。こういった状況を考えると、わずか三十二歳の青年が、しかも私度僧で留学生という身分の空海がどうしてこれだけのことを成しえたか、まさに驚異的なことといわざるをえません。

私度僧《しどそう》とは公の認可を得ていない僧のことです。当時、中国に渡り仏教を学ぶ僧侶には、還学僧《げんがくそう》と留学僧《るがくそう》との二種がありました。このうち還学僧は短期の留学ですが、留学僧は二十年から三十年もの長期にわたって学ぶことが決められていました。最澄が桓武天皇からお墨付きをいただいた還学僧であったのに対し、空海は一介の学問僧であったことは極めて興味深いことです。

これらの曼荼羅のうち、ことに現図の両部曼荼羅は日本に持ち帰ってから灌頂の儀式などで頻繁に用いられました。それゆえ破損も著しく、すでに空海の在世中に模写され新たに造られています。たとえば『性霊集《しょうりょうしゅう》』の「四恩のおんために二部の大曼荼羅を造する願文《がんもん》」には、「年三六を過ぎて絹破れ彩落ちて尊容変（化）す」と、曼荼羅造顕がなされたことが記されています。「年三六」とは十八年のことです。この記述によれば、唐より持ち帰った両部の曼荼羅は、絹地の上に鮮やかな彩色がなされていたことが想像できます。しかしその彩色曼荼羅も十八年も経ちますと破損が著しくなり、やむをえず新たに制作せざるをえなかったのです。時に弘仁十二年（八二一）のことでした。

ちなみに、空海が請来した曼荼羅は今は一つも現存していません。現存最古の曼荼羅は、空海が淳和天皇の発願で高雄山神護寺の灌頂堂に描いたとされるもので、金銀泥《でい》で描かれ、天長六年（八二九）に完成したものです。わずか十八年という短期間で、なぜ使いものにならないくらいに傷んだのでしょうか。その理由は、たとえば「非常に条件が悪いところへ置かれていた」「敷き曼荼羅として使用した」「軸物であったため」といったことが考えられますが、明瞭な答えはありません。

両部曼荼羅

空海が伝えた両部《りょうぶ》曼荼羅は、日本では「理智不二《りちふに》」などと称され、胎蔵曼荼羅と金剛界曼荼羅は相即不離の関係にあるとします。すなわち胎蔵曼荼羅は「理の曼荼羅」、金剛界曼荼羅は「智の曼荼羅」と称されています。理と智の意味については、伝統的に「理は所観の道理、智は能観の智慧」と定義されています。

理として把握されている胎蔵曼荼羅は、真実の道理の世界を表したものであり、いわば仏陀の悟りの境界そのものを開示したものです。たとえば、女性が慈愛をもって胎内で生命を育《はぐく》み生み出す営みのように、大日如来の悟りが展開している理を示しているのが胎蔵曼荼羅です。それに対して金剛界曼荼羅は、大日如来の金剛不壊《ふえ》なる悟りの智慧の働きを示したものです。理と智は表裏一体であり、それゆえ「理智不二」とか「金胎不二」と呼ばれるのです。

また両部曼荼羅は「東曼荼羅・西曼荼羅」とも称されます。胎蔵曼荼羅は上方が東、金剛界曼荼羅は西が上方という形で描かれています。つまり胎蔵曼荼羅を掲げてこれを観想（三四頁参照）する場合、行者は東に向かうので曼荼羅は西に向かうことになります。金剛界曼荼羅はこの逆となります。この両部曼荼羅を一対で灌頂堂や本堂などに祀る場合、古くは両部曼荼羅は対面して安置しています。そのとき胎蔵曼荼羅は西に向け東側に安置することから「東曼荼羅」といわれ、金剛界曼荼羅は東に向け西側に安置することから「西曼荼羅」といわれるのです。現在は曼荼羅を祀る空間の問題などから両部が向き合う形は少なくなり、本尊と同じ向きで右側に胎蔵曼荼羅、左側に金剛界曼荼羅を置く形式も多くなりました。

両部の大経と現図曼荼羅

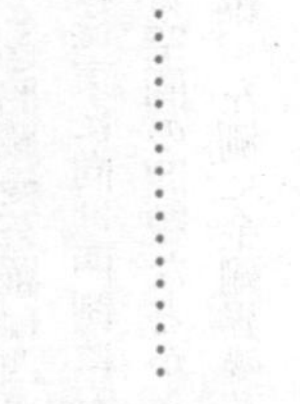

両部の大経

真言宗では『大日経』と『金剛頂経《こんごうちょうぎょう》』を真言教学を支える根本経典と位置づけ、これらを「両部の大経《だいきょう》」と称して重視しています。空海も『教王経開題』に「金剛頂経及び大日経は、ならびにこれ龍猛《りゅうみょう》菩薩、南天の鉄塔の中より誦出《じゅしゅつ》するところの如来秘密蔵の根本なり」と述べているように、この二経を根本にすえ、これらの経を基本に自らの真言密教教学を構築していきました。『大日経』と『金剛頂経』は、もともと別々な場所で成立したものですが、中国に伝わってから次第に関係が深まり、少なくとも恵果阿闍梨の頃には両経が並んで密教の根本経典と称されるようになったものと考えられています。

この両経のうち『大日経』はおよそ七世紀の初頭に、西インドにおいて成立したといわれています。これに対して『金剛頂経』は七世紀の中頃に、南インドで成立したといいます。密教はそれ以前からインド各地で信仰されていましたが、まだ確固たる教理は構築されておらず、この二経の出現によって密教教理が体系化され確立したのです。それ以降、密教はこれらの経典を基本に大きく展開していきました。それゆえこの二経は密教教理はもとより、空海の思想を探る上でも、また曼荼羅を理解するためにも重要な経典なのです。曼荼羅に関していえば、『大日経』は胎蔵曼荼羅、『金剛頂経』は金剛界曼荼羅と密接に結びついているのです。

胎蔵曼荼羅と『大日経』

『大日経』は正式の名を『大毘《だいび》盧《る》遮那《しゃな》成仏《じょうぶつ》神変《じんぺん》加持《か》経《じきょう》』といいます。善無畏《ぜんむい》三蔵《さんぞう》の翻訳によるもので、全七巻三十六章からなる大部な経典です。このうち第一章は「住心品《じゅうしんぼん》」と称し、一切智（仏の智慧）についての詳細な説示があります。そして第二章の「具縁品《ぐえんぼん》」以下で、この一切智を得るための実践方法、すなわち曼荼羅行が説かれるのです。

真言宗では『大日経』に解釈を施した善無畏三蔵の『大日経疏《しょ》』を極めて重視します。なぜなら空海は『大日経疏』を非常に大事にしていたからです。空海の思想は、この疏を根幹にして構築されているところが少なくないのです。そして真言宗では『大日経疏』の第一章の住心品を「口の疏」といい、第二章の具縁品以下は「奥の疏」といって区別して扱いました。なぜなら「奥の疏」は密教の深秘の内容を説示したもので、「師資《しし》（師から弟子へ）相承される宗教体験の世界」を説示しているからです。非常に微妙な領域であることから、経験の浅いものがむやみに立ち入ることは内容を誤って理解する恐れがあるということでこのようにしたものと思われます。『大日経疏』には「秘密の教えを理解しないで表面的な行を修し、これが密教の真道だと思いこみ慢心するものがいる。しかしそのようなものは地獄道のような悪世界に堕ちてしまう。それゆえに真言を修学したいと欲するものには、必ずまず曼荼羅の世界に導かねばならない」と記されています。真言道に誤りなく進み入るためには、曼荼羅が不可欠のものとして介在するのです。そして『大日経疏』は、曼荼羅を観見する有資格者を、大乗仏教の真の実践者でなくてはならないとしました。「具縁品」以下は、まさにこの曼荼羅が説示されるところなのです。

なお、『大日経』における曼荼羅の記述は、「具縁品」に最も詳しく説かれているほか、「転字輪品」第八・「秘密曼荼羅品」第十一にも説示されています。ちなみにこの三箇所に説示されている曼荼羅を身《しん》・口《く》・意《い》の三密に当てて、「具縁品」は身密《しんみつ》の曼荼羅、「転字輪品」は口密《くみつ》の曼荼羅、「秘密曼荼羅品」は意密《いみつ》の曼荼羅と配する説もあります。

様々な胎蔵曼荼羅

また胎蔵曼荼羅は『大日経』に説かれるもの以外にも多数存在し、それぞれに特徴があり、現図曼荼羅が成立するまでにはかなりの曲折があります。参考までに胎蔵曼荼羅と称される曼荼羅の代表的なものを、いくつか紹介しておきましょう。

まず図絵されたもので重要な曼荼羅には、「胎蔵図像」と「胎蔵旧図様」とがあります。

これらはいずれも天台宗の僧で入唐八家の一人に数えられる円珍が請来したものです。この曼荼羅は空海以降の請来ですが、現図曼荼羅と比較しますとそれ以前の成立と考えられます。この他、儀軌類などに説示されているものとして、①から⑤までのものを挙げておきますが、現図曼荼羅とは仏・菩薩の数、配置・尊名などでかなりの相違があります。また『大日経』所説の曼荼羅も現図曼荼羅と比較すると、中台八葉院を中心にこれを囲む三重の構造は基本的には同じですが、尊の数など内容的にはかなり相違しています。

①「阿闍梨《あじゃり》所伝曼荼羅」（『大日経疏』巻第六）
②「摂大軌《しょうだいき》曼荼羅」（『摂大毘盧遮那成仏神変加持経入蓮華胎蔵海会悲生曼荼羅広大念誦儀軌供養方便会』）
③「広大軌曼荼羅」（『大毘盧遮那広大儀軌』）
④「玄法寺軌曼荼羅」（『大毘盧遮那成仏神変加持経蓮華胎蔵悲生曼荼羅広大成就儀軌供養方便会』）
⑤「青龍寺軌曼荼羅」（『大毘盧遮那成仏神変加持経蓮華胎蔵菩提幢幖幟《どうひょうじ》普通真言蔵広大成就瑜伽《ゆが》』）

このように種々の胎蔵曼荼羅がありますが、その中でも最も基本となるのは『大日経』

が説く曼荼羅です。そして途中で様々な胎蔵曼荼羅の影響を受けながら、最終的に成立したのが「現図胎蔵曼荼羅」なのです。

金剛界曼荼羅と『金剛頂経』

金剛界曼荼羅と関連する曼荼羅では、「八十一尊曼荼羅」が挙げられます。八十一尊曼荼羅は、金剛界九会曼荼羅の中では「成身会《じょうじんえ》」と最も近い関係にあります。成身会は七十七尊の仏・菩薩が描かれているのに対し、八十一尊曼荼羅は四方の隅に四大明王を加えた、合計八十一の尊像が描かれているので、この名称がつけられたのです。なお、現図曼荼羅の「成身会」には、この四大明王の代わりに三鈷杵《さんこしょ》が描かれ、「降三世会《ごうざんぜえ》」に四大明王の妃が描かれています。（二〇六頁参照）

金剛界曼荼羅は『金剛頂経』の記述をもととして、その教理内容を図画化したものです。しかし単に『金剛頂経』といってもこの経は『大日経』のような単独経典ではなく、通称「金剛頂経十八会」といわれ、十八種の経典群から成っている、その全体の名称でもあります。それゆえ単に『金剛頂経』といったとき、この経典群全てを指す場合と、このうちの最初の部分である初会の『金剛頂経』を指す場合とがあります。

金剛界九会曼荼羅は、この経典群のうち初会の『金剛頂経』と第六会の『理趣経』の記述によったものです。このうち初会の『金剛頂経』には、次の三種類の異訳経典が現存します。

①『金剛頂一切如来真実摂大乗《しょうだいじょう》現證大教王経』　三巻　不空訳

②『仏説一切如来真実摂大乗現證三昧大教王経』　三十巻　施護訳

まず①の不空訳『金剛頂経』三巻は、初会の『金剛頂経』の一部を翻訳したものです。具体的にいえば、不空訳『金剛頂経』三巻の記述を曼荼羅との関係から見ると、これは金剛界九会曼荼羅の中心にある「成身会」の内容のみの説示であり、残りの三昧耶会以下の八会に関しては欠けています。

これに対し②の施護訳は不空訳とは巻数の違いからも分かるように、初会の『金剛頂経』全体の翻訳であり、九会曼荼羅全体の内容を見ることができます。しかしそうはいっても施護訳の記述の全部が金剛界九会曼荼羅と一致するわけではなく、たとえば「理趣会」は『理趣経』によるところが多いことなどが挙げられます。

施護訳の『金剛頂経』は、①「金剛界品」、②「降三世品」、③「遍調伏品」、④「一切義成就品」より構成されており、このうち九会曼荼羅については、「金剛界品」と「降三世品」に説示されています。

施護訳『金剛頂経』の記述の部分と九会曼荼羅との関係は、次頁のようになっています。

金剛界九会曼荼羅

1. 成身会 —— 金剛界大曼拏羅《まんだら》広大儀軌分第一
2. 三昧耶会 —— 金剛秘密曼拏羅広大儀軌分第二
3. 微細会 —— 金剛智法曼拏羅広大儀軌分第三
4. 供養会 —— 金剛事業曼拏羅広大儀軌分第四
5. 四印会 ┐
6. 一印会 ├—— 現證三昧大儀軌分第五
7. 理趣会 ┘
8. 降三世会 —— 降三世曼拏羅広大儀軌分第六
9. 降三世三昧耶会 —— 忿怒《ふんぬ》秘密印曼拏羅広大儀軌分第七

曼荼羅とは何か

さて、曼荼羅とは一体どのようなものでしょうか。曼荼羅という言葉はサンスクリットのマンダラ（maṇḍala）の音写語ですので、それ以外にも曼陀羅・漫荼羅・漫拏羅・満荼羅などと様々な漢字があてられます。一般の語義解釈では、マンダ（maṇḍa）という語に所有を表す接尾辞のラ（la）がついた言葉とします。すなわちマンダが神髄とか本質という意味であることから、曼荼羅の語義は「本質を有するもの」といった解釈がなされています。まずこの曼荼羅の意味に関して考えてみることとします。『大日経』では曼荼羅について、次のような記述があります。

金剛手秘密主は、仏に次のような質問をした。「世尊よ、どのようなわけで曼荼羅と名づけたのですか。曼荼羅にはどのような意味があるのですか」と。

仏はこれに応えて、「諸仏を発生《ほっしょう》するものが曼荼羅である。まさに極無比味、無過上味なものである。限りない衆生を哀愍《あいみん》するために、大悲胎蔵生《しょう》曼荼羅という」とおっしゃった。

ここでは曼荼羅は「諸仏を発生するもの」であり、その味わいは他の何ものも比較できない素晴らしいものであるとします。この箇所を解説した『大日経疏』は、これを次のように説明しています。

曼荼羅とは、発生の意味である。それで発生諸仏曼荼羅という。菩提心という種子を一切智（仏心）という大地に蒔き、大悲という水で潤し、大慧という日で照らし、大方便という風で熾《さか》んにし、大空のようにさえぎることがない。このように、不思議なる悟りの芽を順次滋長し、ついには悟りの世界に充満させ、仏という大樹をそびえ立たせる。それゆえ発生という。

すなわち曼荼羅は、私たちの心の菩提心（悟りの心）を発し、成熟させ仏果へと導いてくれるもの、との基本的理解ができます。したがってこの経緯の中で曼荼羅の世界の営みは、様々に語られています。その曼荼羅の種々相は『大日経疏』において諸処に記述されていますが、それを拾い上げて整理すれば、「味わい」「功徳・智慧」「場」など、次のように分類することができます。

①　味わい

曼荼羅とは、牛乳を熟成させたときの乳脂のかたまりの一番良いところで、醍醐《だいご》という。醍醐は精醇で腐りにくいところから「堅固」の意味がある。また醍醐には混じりものがなく、素晴らしい味が和合しているので「聚集」の意味もある。さらにこれは最高の味であるので「極無比味・無過上味」という。

②　功徳・智慧

（一）曼荼羅とは、聚集である。その意味は、仏の真実・功徳を一つに集中したことである。全宇宙の塵にも等しいほどの数の個々の智慧が、たとえば車輪の輻《や》が中心に向かっているように、大日如来を取り囲み集められている。それゆえ曼荼羅という。

（二）曼荼羅とは、様々な徳を備えている、すなわち仏の秘密の徳である。あたかも蓮華が開敷《かいふ》して、自らを飾りたてているようなものである。

（三）曼荼羅とは、輪円の意味である。（車）輪の行くところは、草木を踏み倒し、根も茎も枝もすべて破壊されてしまう。それと同様に、曼荼羅もあらゆる煩悩を摧破《さいは》する。

③ 場

一般に座といえば、ただ座るところを指すにすぎない。しかし、曼荼と名づけたこの座は、堅固・不動・最無等比・周遍法界などの意味がある。……この座は如来の功徳が現されたところであり、無量の大願が成就されたところである。

曼荼羅の内容の「味わい」は最高で他と比較すらできないものであり、曼荼羅に込められた「功徳や智慧」は、まさに秘密の徳である。そしてこれらが得られた「場」は、釈尊成道の菩提道場、すなわち菩提樹下の金剛座にほかならない、というのです。曼荼羅とはボーディマンダラ（bodhimaṇḍala）、すなわち釈尊が菩提を獲得した道場そのものを指す言葉です。菩提道場とは、いうまでもなく釈尊の成道の場であり、それはそのまま悟りの内容をも意味します。それを密教では曼荼羅と呼ぶのです。このように釈尊の成道とその場に着目したところに、密教は釈尊の悟りを見据えてその上で展開してきたことを窺《うかが》うことができます。

以上のように曼荼羅には仏の教えのありとあらゆる誓願が込められています。それゆえ古来より曼荼羅は欠けるところがなく、一切が具わっていることから「輪円具足《りんえんぐそく》」と称しているのです。

三種の曼荼羅

曼荼羅には様々な意味が込められていることを見てきました。曼荼羅は悟りの世界そのものを指したり、現実に形をもった曼荼羅を意味したりすることもあります。このように曼荼羅といってもいろいろな視点から考えられることから、伝統的には「自性《じしょう》曼荼羅」「観想《かんそう》曼荼羅」「形像《ぎょうぞう》曼荼羅」の三種に区分整理することで理解されてきました。

自性曼荼羅

自性とは本質を意味する言葉ですから、自性曼荼羅とは不変なる真実そのものの曼荼羅を意味します。釈尊が悟ったものは縁起する全存在のあり方であり、宇宙のしくみの根源です。般若経ではそれを「甚深の般若波羅蜜の働き」と表現し、密教では「大日如来の営み」と捉えます。それゆえ自性曼荼羅は言葉や形で表したり表されたりするものではありません。言い換えれば、一切の存在の背後にある悟りそのものが自性曼荼羅なのです。

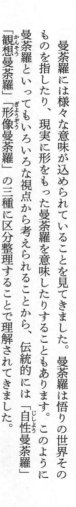

観想曼荼羅

密教ではこの自性曼荼羅を体現する方法として、瑜伽《ゆが》観法という修行を実践します。瑜伽とは、本尊（悟り）と自己が結びつき一体となることをいいます。瑜伽とはサンスクリットのヨーガ（yoga）からくる言葉で、本来は軛《くびき》の意味です。軛とは、車の轅《ながえ》（かじぼう）の端につけた横木で、牛や馬の首をおさえる役をするものです。この言葉が仏教に取り入れられ様々な概念が付加され、瑜伽することによって軛の如く仏と自分とを結びつける実践方法を意味する言葉として用いられたのです。瑜伽は「相応」とも訳されるように、仏と衆生が相応《あいおう》じ一体となることを意味しているのです。そのための具体的な修行として真言行者は「儀軌」や「次第」にのっとって瑜伽観想し、大日如来の悟りを表した曼荼羅の世界に悟入するのです。

ここで「儀軌」という言葉が出てきましたが、「経」とは少しく性格を異にします。「経」は仏が説いた教えを書き記したものであり、悟りの世界を文字で表したものですが、これに対して「儀軌」や「次第」は、「経」に表された仏陀の悟りの世界を追体験すべく、行法すなわち修行方法として組織化されたものをいいます。つまり、「儀軌」に記されたことをしっかりと理解した上で実践すれば、曼荼羅を開顕することができることになります。「儀軌」にそって観想し、曼荼羅を心の中に建立していくことが観想曼荼羅なのです。

観想とは、心を集中し深く覚りに思いをこらす行法です。密教では、阿字観・五相成身観・字輪観など様々な修行の方法がありますが、いずれも密教教義に従って覚りの真相を想い、それを心に体現する行法です。真言宗の行法の要となる「胎蔵法念誦次第」や「金剛界念誦次第」は、行者が胎蔵・金剛界の曼荼羅を想起する最も重要な観想といえます。

形像曼荼羅と荘厳の色彩

形像曼荼羅とは、具体的な図画や尊像など具体的に存在する曼荼羅をいいます。まだ修行が十分でない行者にとっては、「経」や「儀軌」のみではいかにも抽象的であり、これのみでは曼荼羅を想起することができません。そこで実際に曼荼羅を置き、形像などに一定の約束ごとをした上で、視覚を通して曼荼羅行を修する方法が行われたわけです。この対象となる曼荼羅が形像曼荼羅であり、現図曼荼羅など私たちが一般的に曼荼羅と称しているものがこれです。

形像曼荼羅にはじめて出会った人は、その鮮やかな色彩に驚かされます。まさに曼荼羅の特徴の一つは五色に彩られた荘厳にあるわけですが、それは色彩も密教教理と結びつけられているからです。仏教では青・黄・赤・白の四色を本色といい、他の色はこれらが混じったものとします。曼荼羅に用いられる色彩は、この四色に黒を加えた、青・黄・赤・白・黒の五色を基本とします。五色といえば一般には、五色雲・五色糸・五色幕あるいは五色団子など、吉祥の意味で日常の言語生活の中でも用いられていますが、そのもとをたどれば曼荼羅の五色にたどりつきます。

曼荼羅では、金剛界・胎蔵の双方とも五如来が中心ですが、その五如来はそれぞれ異なった身色に塗られ、その色の違いで個々の如来の誓願と働きの違いが表現されています。『大日経疏』によれば、胎蔵曼荼羅の五如来の身体の色の相違を「白は大日如来の色で、本源の意味である。赤は宝幢如来の色で、菩提心を発して煩悩を除き障害を滅する意味である。黄は開敷華王如来の色で、悟って万徳が開敷した状態の意味である。青は阿弥陀如来の色で、悟りの内容を慈悲を以て人々に施す意味である。黒は天鼓雷音如来の色で、現実社会で実践行動する意味である」と説いているように、如来の身色は単なる色分けではなく教理的な意味を持たせているのです。

五色表現に関してはこれだけではなく、『大日経疏』はさらに「白は全ての心の垢を離れているので、これを信の色と名ずく。赤は勇気の意味であるから、これ精進の色とする。黄は一念になりきる意味であり、瞑想し悟りをえることができることからこれを念の色という。青は大空の如く澄み切った心を指すので、これを禅定の意味とする。黒は悟りの大涅槃の境地を示すので、これ如来究竟の慧とする」と述べています。すなわち五如来の色表現は、悟りを目指すためには「信・精進・念・禅定・慧」の五つの勝れた能力を具える必要性を示しています。

このように如来の身色を教義と関連させていますが、如来の身色は全ての曼荼羅が必ず同じ身色というわけではありません。例えば金剛界曼荼羅の五如来は、「大日如来は白色、阿閦如来は青色、宝生如来は黄色、阿弥陀如来は赤色、不空成就如来は黒色」、となっています。たとえば同じ阿弥陀如来であっても胎蔵曼荼羅では青であり、金剛界曼荼羅では赤となっているように異なった彩色がなされています。

また金剛界曼荼羅では五色を次のように定義しています。白色は潔白の心を示し一切の汚れを離れた清浄を意味することから、全体を統合する大日如来の身色とする。青色は種々な色を具えることから他の色に勝れると解釈し、智慧を象徴する阿閦如来の身色とする。黄色は他の色を加えると光色が増すと考え、悟りが開花する宝生如来の身色とする。赤色は慈悲の色なので阿弥陀如来とする。黒（濃緑）は諸色を消す作用があるとし、現実に襲いかかる煩悩を消すので不空成就如来の身色とする。不空成就如来は釈迦如来の衆生救済の姿と重ね合わされています。

また別な説で、「白は寂災を意味し、大日如来の悟りの心を表す」「赤は煩悩を降伏する意味で、阿閦如来の智慧を表す」「黄は増益で、阿弥陀如来の慈悲を表す」「青は成弁で、不空成就如来の利他行の徳を顕す」とあります。以上のように色の意味は必ずしも一定ではありませんが、色に教理上の意味を持たせていることは共通しているのです。

四つの形像曼荼羅

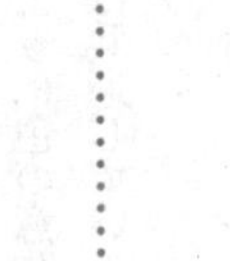

大日如来の自在無礙《むげ》なる営みである自性曼荼羅を、形像曼荼羅として四種の視点からこれを具現化したものを「四《し》種《しゅ》曼荼羅」と称します。空海はこの四種曼荼羅を非常に重視し、自著『即身成仏義』に次のように述べています。

四種曼荼羅

四種曼荼羅とは、一には大《だい》曼荼羅という。これは一々の仏・菩薩に具わっているすぐれた特徴を加えた姿で示したもの、これが大曼荼羅である。またその形像を絵として描いたものも大曼荼羅と名づける。これは五相成身観《ごそうじょうじんかん》の修行をもって本尊と一体となったことを示したものであり、これを大智印ともいう。

二には三昧耶曼荼羅である。すなわち諸尊の持っている、刀剣・輪宝・金剛・蓮華などの類がこれである。またこれを描いたものも三昧耶形《ぎょう》である。また両手をもって様々な印契《いんげい》を作るのも三昧耶形である。たとえば、金剛縛《ばく》に結んだ印《いん》から、様々な印

契を作り出すこと。これを三昧耶智印ともいう。

三には法《ほう》曼荼羅で、本尊の種子《しゅじ》や真言をいう。たとえばその種子をそれぞれ諸尊に相当する所に書けば、それも法曼荼羅である。また悟りの状況を書き記したすべての経典や文章などは、みな法曼荼羅である。これを法智印ともいう。

四には羯磨《かつま》曼荼羅である。すなわち諸の仏・菩薩などの種々の活動する姿がこれである。またこれを鋳造したり、粘土でこねて造ったものも羯磨曼荼羅である。これを羯磨智印ともいう。


以上の記述のように四種曼荼羅とは、「大曼荼羅」「三昧耶曼荼羅」「法曼荼羅」「羯磨曼荼羅」をいい、真言宗ではこれを「大《だい》・三《さん》・法《ほう》・羯《かつ》」などと略称しています。空海はこれらを、大曼荼羅は大智印、三昧耶曼荼羅は三昧耶智印、法曼荼羅は法智印、羯磨曼荼羅は羯磨智印と、それぞれに「智印」という呼称を付していますが、ここでいう印とは印契のことではなく「印璽《いんじ》」のことです。たとえば国王の印璽が押してあるもの、それは国王とみなします。そのように大日如来の印である大智印は、大日如来そのものを表しているのです。すなわち大いなる智慧の印璽とは、まさに大日如来の智慧の標幟《ひょうじ》なのです。

また空海は大曼荼羅について述べるところで、「五相成身観」という修行を挙げていますす。この五相成身観は、密教の極めて重要な修行方法であり説明を必要としますが、これ

は金剛界曼荼羅と深く関係するので、そこで詳しく述べることにします。（一六〇頁参照）
　このように他の「三・法・羯」の曼荼羅は、各々大日如来の境界を様々な角度から表現したものなのです。では何を示そうとしているのか、次にその詳細を述べることとします。

大曼荼羅

　大曼荼羅は、以下の「三・法・羯」の曼荼羅の総合体です。大曼荼羅として実際に形に表したものは、具体的には仏・菩薩などの諸尊の姿を描いている曼荼羅を指します。大曼荼羅とは「六大の曼荼羅」ということであり、一般にいう「大きい」という意味ではありません。六大とは、地・水・火・風・空・識のことです。密教では私たちを含めた一切の現象を、これら六大によって象徴するのです。すなわちこの宇宙のあらゆる存在は、突きつめれば全てこの六大で成り立っているとするのです。

　一般の仏教ではこういった存在の根源を、五蘊《うん》・十二処・十八界などの法体系を掲げて教理的解釈を行っています。初期の大乗仏教、特に小品系般若経では、これを特に五蘊を用いて解釈しています。五蘊とは色《しき》・受・想・行・識です。色は物質のことで、私たちの肉体がこれです。受以下は精神作用で、私たちの心に関するものです。すなわち私たちの個人存在は五蘊以外に独立の我はなく、これで私たちの存在の根源を示しているのです。

　この五蘊論と六大論の相違は、五蘊は精神作用の分析に多くをついやしているのに対し、六大は最後の識のみが精神作用となっている点です。人間の精神作用に視点の中心を置き、これを基盤として一切の存在を考察する五蘊論に対し、六大論は宇宙全体の現象に中心を置き、そこに人間性を含ませているのです。五蘊論と六大論には、そういった視点の相違が見られます。

六大は、一般には「六つの根元的なるもの」あるいは「六つの構成要素」などという意味に解釈されていますが、単なる構成要素として物質的にのみ捉えたならば、密教の意図するところは見えてきません。まずその辺りを六大の意味から考えてみます。

「地」とは堅さを本質とし、その働きは保持することです。
「水」とは湿気であり、その働きは摂《おさ》めることです。
「火」とは煖かさを本質とし、その働きは成熟させることです。
「風」とは動きであり、その働きは成長させることです。
「空」とは無礙であり、その働きは障《さわ》りがないことです。
「識」は心であり、その働きは認識です。

これら六大は、物質の構成要素といった分析的な観点からのみ捉えれば、極めて無機的に感じられます。しかし現実には一切の存在は「生成流転・有為転変」しており、そこには動きがあります。ことに人間には心と心の働きがあるわけですから、人間も六大から成るとみれば当然、六大は有機的に捉えなくてはなりません。密教は六大を「識」を有する存在とし、その六大の営みを「如来の活動する姿」と捉え、これを大日如来として人格的に表現したのです。すなわち六大は宇宙の根源であり、またその原動力であるとともに、私たちと同様に心を有しているのです。私たちも大日如来も六大より成っているのですから、本質的には大日如来も私たちも同等なのです。つまり、六大の働きとしてこの世界のあり方を捉えることは、一切の現象は全て縁起として展開しており、それがそのまま仏の営みそのものなのです。

「大」の言葉の意味するところを、もう少し考えてみます。これまで六大の原語は、「シャッド・マハーブータ」(sadmahābhūta) あるいは「シャッドブータ」であるとされていました。しかし六大の言語を様々な経や論を見ると、たとえば『般若経』や『倶舎論《くしゃろん》』には「ダートゥ」(dhātu) となっています。ブータなら構成要素という理解でもよいのですが、ダートゥとなると少しく意味が異なります。なぜならダートゥは、仏教全体を通して非常に重要な意味を持つ言葉だからです。「大」の語はダートゥの訳語の一つですが、これ以外に「種」「性」「界」などとも翻訳されています。その詳細については別に譲りますが、今あげた三種の訳語だけ見ても「物質の構成要素」のみを意味したものではないことが分かります。特に重要なことは、ダートゥという言葉が釈尊の舎利を意味していることです。すなわち六大は単なる存在物の根源や要素ではなく、仏陀の存在そのものを表すことになります。密教が大日如来を「大＝ダートゥ」と見たことは、密教が釈尊とは何かをしっかりと把握し、その上で六大より成る大日如来という法の上の釈迦を提唱したことになるのです。

このように六大として重々無礙に展開している如来の活動を集約し、形像として表現しようとしたものを「大曼荼羅」といいます。しかし実際の図絵された曼荼羅は識大を表現することは困難ですから、見る側が図絵された尊像の背後にある識大、すなわち心を読みとることが重要です。

三昧耶曼荼羅

三昧耶とは、サンスクリットのサマヤ（samaya）の音写語で「本誓《ほんぜい》」という意味です。サンスクリットではサマヤと発音しますが、真言宗ではサンマヤと呼び慣わしています。本誓とは、如来や菩薩の衆生救済の誓願です。諸仏・菩薩を誓願として、心の面に焦点を当てて見たものが三昧耶曼荼羅といえましょう。すなわち大曼荼羅が悟りの全体相を表したものなら、この三昧耶曼荼羅はその個別相を示したものです。意密の曼荼羅といわれるのは、内容的に仏・菩薩の誓願を表そうとしたからです。

実際の三昧耶曼荼羅の形像は仏・菩薩の持ち物、たとえば刀・宝珠《ほうじゅ》・蓮華・金剛杵《こんごうしょ》などの法具で描かれているものを指しています。なぜこのような持ち物で表現するのでしょうか。その理由としては、釈尊が入滅したことと大きく関わっていると考えられます。

釈尊の入滅によって、人々は人間存在としての釈尊に見《まみ》えることはできなくなりました。しかし釈尊を慕い救いを求める人々は、釈尊に代わる具体的な礼拝対象を望みました。その筆頭が仏塔であり、これを礼拝する人々にとって仏塔こそまさに釈尊そのものでした。さらに仏塔やその周りの欄楯《らんじゅん》などに蓮華・菩提樹・法輪などの釈尊を象徴する様々なものを刻み、これも釈尊に見立てて礼拝しました。そして次第に仏塔は釈尊そのものを表し、また蓮華などは釈尊が具えていた慈悲や智徳・福徳といった様々な仏徳を示したものと区別されるようにもなっていきました。大乗仏教を信奉する人々は、こういった象徴的な姿で釈尊を想い、これを礼拝供養し、釈尊に救済を願ったのです。

密教が一般の大乗仏教と異なるところは、これらが仏の立場から示されている点です。たとえば初期大乗仏教の菩薩たちは、仏塔を礼拝して釈尊の再来を願いましたが、それは自分たちの方からの願いでした。しかし三昧耶は逆な立場、すなわち大日如来が衆生救済のため、仏塔をはじめ金剛杵などの法具に誓願を込めて様々な三昧耶形を示現した、という如来の側からの働きかけを強調した点にあります。これが三昧耶曼荼羅であり、諸仏・菩薩の衆生利益の誓願の表現に他ならないのです。

法曼荼羅

三昧耶曼荼羅が意密の曼荼羅とすれば、法曼荼羅は口密の曼荼羅ということができます。

三昧耶曼荼羅（金剛界曼荼羅三昧耶会）

法という場合、仏教では様々な意味に用います。たとえば、存在、仏陀の教え、悟りそのもの等々です。しかしこれらの法を記した経典などは膨大な量となります。これを一目で表現するには、日常言語ではとうてい不可能です。私たちも言葉のもどかしさを肌で感ずることがあると思います。そこで真如・真理を表すものとして考え出されたものが日常言語を超えた言葉すなわち法曼荼羅なのです。法曼荼羅といえば、実際には「種字《しゅじ》」で表したいわゆる種字曼荼羅をいいます。種字曼荼羅とは、諸尊を梵字で標示したもので、たとえばで胎蔵の大日如来を、で阿閦《あしゅく》如来を表します。

種字は本来は「種子」と書きます。なぜなら種子とはサンスクリットのビージャ（bīja）の訳で「植物の種子」を意味するからです。密教では、この種子に教学的意味を付して宗教的価値を与えました。すなわち種子には二つの意味があるといいます。一つは「含蔵」、もう一つは「出生」です。植物の種子は、これから伸びてくる根や茎などを含み保つように、梵字の一字の中に無量の功徳を含んでいるので「含蔵」です。また、太陽の光に照らされ、雨の恵みを受けるなど、ほどよい縁によって種子から芽が出、根が生えてきます。このように、梵字の一字から仏の無量の功徳が出生されるのです。具体的には、それぞれの諸尊のサンスクリットの名称や真言などの一字をとって梵字として表したことから、種子を種字とも書くのです。

言葉とは一般には、何かを伝えるための日常言語を意味します。しかし如来の悟りの内容を伝えるためには日常言語ではその本質を語ることは難しい、というよりむしろ多くの言葉を駆使すればするほど真実から遠ざかることにもなります。議論のための議論、説明のための説明は何万語ついやしたとしても空しいものです。しかし私たちは言葉の世界に存在する限り、また仏が法を説いた以上、言葉は避けることができない大きな問題です。

種字曼荼羅（中台八葉院）

写真：Gunawan Kartapranata / CC BY-SA 4.0

それゆえ密教は法曼荼羅を登場させ、種字を示すことで日常言語を超えた言語として、これを位置づけたのです。空海はこれを「法曼荼羅とは本尊の種子真言なり」と述べ、種字のみならず真言や陀羅尼も法曼荼羅であるとしたのです。

これらの言葉は、まさに仏の金口《こんく》そのものです。大乗仏教においても人々は金口を記した経あるいは陀羅尼を読誦し、仏の救いを願いました。種字はこれらを一点に集約したものです。それゆえこの種字のたった一字の中に、百千万という無量の意味が込められているのです。

ボロブドールの仏教遺跡

羯磨曼荼羅

三昧耶曼荼羅が意密、法曼荼羅が口密を表した曼荼羅とすれば、羯磨曼荼羅は身密、すなわち如来の行為を表現した曼荼羅といえます。羯磨とはサンスクリットのカルマン（karman）の音写語で「業」とか「作業」とかに訳され「行為」を意味する言葉です。たとえば動くこともできないように疲れているときなど、黙って席を譲ってくれる人の行為は言葉以上に嬉しいものです。そういった行為の大切さを示したものが羯磨曼荼羅です。ここでいう行為とは一人の人間ではなく、宇宙の一切の動きをいいます。密教的にいえば、大日如来の威儀事業なのです。すなわち羯磨曼荼羅は、様々な仏・菩薩の動きを表現したものであり、それはそのまま衆生利益のための行為を示しているのです。

空海も述べているように、具体的には羯磨曼荼羅は木造・鋳造・塑像など立体的に造られたものをいいますが、それはこれらには「動き」が強調されるからです。たとえば東寺の講堂に祀られる二十一体の彫像群は羯磨曼荼羅の代表といわれています。あるいはボロブドールの仏教遺跡も、金剛界の羯磨曼荼羅であるとする人もいます。このように立体的に造られたものは分かりやすいのですが、平面的な図絵でこれを表そうとする場合は難しいのです。特に羯磨曼荼羅と大曼荼羅との区別は、一目見ただけでは分かりにくいものです。それゆえ実際に羯磨曼荼羅と称されるものは、動きを強調した象徴を描くなど何らかの工夫がなされているのです。

前述したように、私たちの行為は自ら悟りを求め修行することと、他人のために尽すことの二方面があります。いずれにしてもこれらの行為は、大悲にもとづかねばならないことはいうまでもありません。この自利・利他円満が大乗仏教の精神であり、普賢菩薩や文殊菩薩などがこれを実践する理想の菩薩として掲げられ、真の菩薩行が提示されました。これを密教的に表現すると、私たちの行為が大日如来の威儀事業と結びついたとき、本当の羯磨曼荼羅が示現されたことになるのです。

曼荼羅行の完成

以上に述べた四種曼荼羅は、一切を含めた大曼荼羅の世界を「心」と「言葉」と「行為」の三つの点から見たものです。自利的には真言行者が曼荼羅行を修するとき、行者は手に印を結び、口に真言を唱え、意《こころ》に諸尊の本誓を念ずる。これら三つの働き、すなわち身・口・意の三密行が十全に為されたとき、大日如来と一体となって大曼荼羅が完成します。そしてこの大曼荼羅としての三密行が他へ振り向けられたとき、密教の利他行が展開されるのです。

四種曼荼羅は、伝統的に大・三・法・羯という順序で伝えられていますが、あながち無意味に連ねられたものとも思えません。なぜならこれらの四種の面から捉えた曼荼羅観は、そのまま釈尊の一生に重ね合わせて見ることも可能だからです。釈尊は菩提樹下に端坐し、縁起の法を悟りましたが、この悟りを密教的にいえば大曼荼羅の獲得です。そして釈尊は梵天の勧請《かんじょう》により大悲心を発し衆生救済の誓願を立てましたが、これも密教の立場からいえば三昧耶曼荼羅となります。さらに釈尊は菩提樹下より立ち上がり法輪を転じましたが、密教ではこれは法曼荼羅にあたります。釈尊はその後四十五年間にもわたり衆生利益の旅をつづけましたが、その行為を密教的に示せば羯磨曼荼羅ということができましょう。すなわち曼荼羅行の完成は真言行者の理想であり、換言すれば釈尊の一生にどれだけ近寄れるかという問題なのです。

五智と五仏

胎蔵曼荼羅と金剛界曼荼羅に共通する特徴で最たるものは、五仏で密教教理の根幹である五智を示していることです。すなわち両部曼荼羅とも大日如来を中心に据え、胎蔵曼荼羅では宝幢《ほうどう》如来・開敷《かいふ》華《け》王《おう》如来・無量寿如来・天鼓《てんく》雷音《らいおん》如来、金剛界曼荼羅では阿閦如来・宝生《ほうしょう》如来・無量寿如来・不空成就如来の四仏を配しています。そして胎蔵・金剛の五仏の姿は違っていても、それぞれで法界体性智《ほっかいたいしょうち》・大円鏡智《だいえんきょうち》・平等性智《びょうどうしょうち》・妙観察智《みょうかんざっち》・成所作《じょうそさ》智《ち》という五つの智慧を表しているのです。

法界体性智

大日如来の智慧は法界体性智といい、これは他の四智を総合包括した絶対的な智慧であり、個別的な特性をもった智慧を指すのではありません。それゆえ大日如来の智慧を「普門の総徳」ともいい、ここから流出した個別的な智慧を四智といい、それを四仏で表すのです。法界体性智は、阿《あ》摩《ま》羅《ら》識《しき》（amalavijñāna）を転じて得られる智慧です。阿摩羅識とは、無垢識《むくしき》とか清浄識《しょうじょうしき》ともいわれ、自性清浄な根本識をいいます。阿頼耶識《あらやしき》を転じ大円鏡智を得たのち、人間は迷いを離れた自然さながらの清浄な心を得ることができるといいます。その心が阿摩羅識であり、そこで働く智慧が法界体性智です。

そしてこれを尊像として表現したものが、胎蔵の大日如来であり、金剛界の大日如来の姿なのです。

大円鏡智

大円鏡智とは、鏡はあらゆるものを正確に映し出すように、一切のものを明らかに見る智慧の働きをいいます。この智慧は、阿頼耶識を転じて得られる智慧です。阿頼耶識(ālayavijñāna)はサンスクリットの音写語ですが「蔵識」とも訳され、また「第八識」あるいは「根本識」とも称されます。この阿頼耶識は心の奥底にある潜在意識をいいます。ここには様々な善も悪も一切を含んだ過去の業《ごう》が蓄えられていて、何かの刺激を受けたその瞬間に様々な心の作用を引き起こす、といった働きをもっています。この識が悟りに向け転じたとき、大円鏡智が得られるのです。

たとえば私たちは、ほとんど思考せず無意識に言動することが多々あります。あるいは「三つ子の魂百まで」などといい、子供の頃の体験がその人の一生に大きく影響します。これらの心の働きをなす根源が「阿頼耶識」です。阿頼耶識に蓄えられた業は、私たちが生を受けるずっと以前、すなわち無始以来の長い間に蓄積されてきているのです。私たちが受ける一切の刺激は、必ず阿頼耶識を通過した後、様々な判断や行動として現れます。それゆえ阿頼耶識が清浄にならなければ、迷いは断ぜられないのです。つまり善悪入り交じった阿頼耶識が清浄になれば、一切を鏡のごとくに見ることができ、大円鏡智を獲得することができるのです。

この大円鏡智を得た姿を如来の姿で表現したのが、胎蔵曼荼羅では宝幢如来であり、金剛界曼荼羅では阿閦如来です。

平等性智

平等性智とは、一切のものの平等性を知る智慧をいいます。現実世界は、自己と他者を含め、差別された世界です。その差別を作り出す根本は、自我意識であるといいます。この自我にとらわれた心を、仏教用語で「末那識《まなしき》」あるいは「第七識」といいます。この第七識を転じて、一切のものは本質的に平等であることを知る智慧が平等性智です。すなわち「俺が俺が」という自我意識を捨て浄化されて得た智慧、これによって慈悲の心が獲得できるといいます。

他との争いの原因は、慈悲のない自己主張によるものです。しかし、これでは基本的に何も解決しません。それに対し、たとえば母親が乳児に母乳を飲ませている姿は、慈悲に満ち満ちています。乳児の満足する顔を見て何の損得も考えることなく、ただそれだけで喜ぶ母親の姿、これこそまさに末那識を無くした「無我の境地」なのです。

これを仏形として表したものが、胎蔵曼荼羅の開敷華王如来であり、金剛界曼荼羅の宝生如来です。

妙観察智

妙観察智とは、一切のものを正確に見極める智慧です。この智慧は、意識を転じて得られる智慧です。意識は第六識とも称されます。すなわち妙観察智を得ると対象とする相手の心を自在に捉えることができるので、その人その人に応じた的確な教えを説くことができるのです。平等性智が一切の存在の根底の理を説くのに対し、妙観察智は現存在しているものを判断する智慧です。

たとえば医者が患者を診察し、様々な病気を的確に診断し治療するように、この智慧を得れば悩み苦しむ人々の心を見抜き、これに応じ自在に説法をなすことができます。このように自分の意識を浄化したときに現れる智慧が妙観察智なのです。

これを仏形として表したものが、胎蔵曼荼羅・金剛界曼荼羅に描かれた無量寿如来です。

成所作智

成所作智とは、様々なことを成し遂げる実践的な智慧をいいます。自分自身の行動を通して、具体的に他に働きかけ人々を救い導く智慧です。この智慧は前五識を転じて得られます。前五識とは、眼・耳・鼻・舌・身であり、これは私たちの五官です。これらは色(形と色)・声《しょう》・香・味・触《そく》という対象に対する感覚器官です。この前五識を転じて清浄となったとき、人々を教化し救う活動をする実践的な智慧が生じます。これが成所作智であり、釈尊が四十五年間ものあいだ説法の旅をつづけ、多くの人を救済した行為と重ね合わせることができます。天鼓雷音如来と不空成就如来《ふくうじようじゅ》が釈迦如来と同体とされるのは、以上の理由からです。

これを仏形として表したものが、胎蔵曼荼羅では天鼓雷音如来であり、金剛界曼荼羅では不空成就如来なのです。

以上、真言密教と曼荼羅についての概略を述べてきました。曼荼羅の特徴は、覚りの世界を表現し得るとしたところにあります。大乗仏教では「言語道断」といって、真理の奥深い境地は言語や文字では表し得ないとしました。しかし密教では曼荼羅で、真理の世界を表現し得ると考えたのです。

次章からは、曼荼羅が何をどう表現しようとしたのかを、現図曼荼羅をもとに紐解いていきたいと思います。

第二章

胎蔵曼荼羅の見方

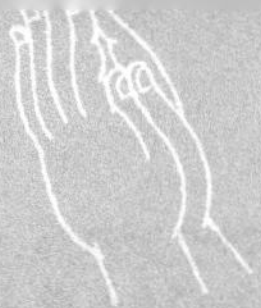
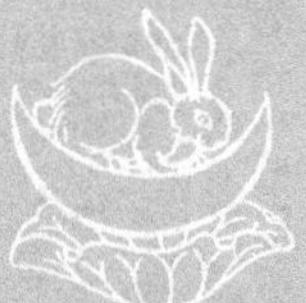
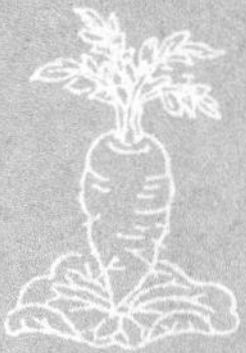
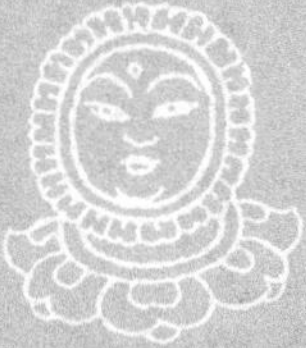
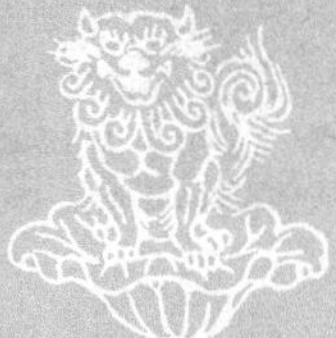
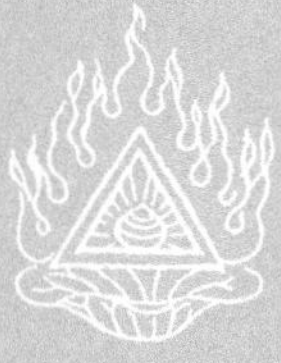
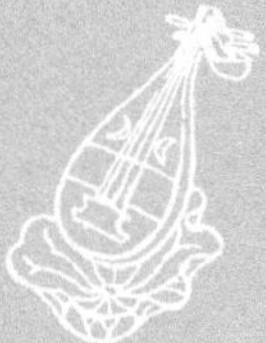
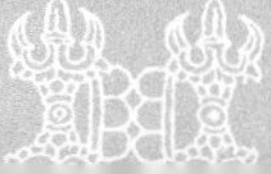

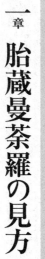

胎蔵曼荼羅とは何か

胎蔵曼荼羅という呼び名

胎蔵曼荼羅《たいぞうまんだら》は「胎蔵界曼荼羅」「胎蔵法《ほう》曼荼羅」「胎蔵生《しょう》曼荼羅」などと様々な呼び方がされています。中でも「胎蔵界曼荼羅」という名称は「金剛界曼荼羅」と共に「両界曼荼羅」などといわれ、古くより呼び慣わされたものです。しかし胎蔵曼荼羅の正式の名は「大悲胎蔵生曼荼羅《だいひたいぞうしょうまんだら》」であり、ここには「界」の言葉はありません。なぜそう呼ばれたか明確ではありませんが、おそらく「金剛界曼荼羅」との関係からではないかと思われます。

そこでまず「大悲胎蔵生曼荼羅」という名称の意味から考えることにします。この名称について、『大日経疏《だいにちきょうしょ》』には次のように述べられています。

修行者がはじめて一切智（仏の智慧）を求めようと心を発《おこ》すことは、女性の胎内に生命が宿ったことと同じである。そして胎内でその生命が次第に胎児となって成長していくように、修行者は真言の教えに触れて心が浄まっていくのである。

また女性が子供をこの世に生み出すことは、修行者が衆生利益の方便を行うことにたとえたものである。

この説示によれば、「大悲胎蔵生曼荼羅」と称される意味は、人々が持つ菩提心が大悲心によって育まれ成長していくことが「大悲胎蔵」であり、大悲によって育まれた胎児が生み出され、その子供が次第に学習しつつ社会に貢献するように、仏が人々を救済する活動（方便）のありようを示したものが「生曼荼羅」であると理解することができます。

『大日経疏』では蓮華のたとえを用いて、さらに胎蔵曼荼羅を説明しています。内容を意訳すると次のようになります。

蓮の種子は堅い殻の中に既に枝・茎・葉・花となる性質を具えている。人間の心も同じように仏の種子を具えているが、表面には現れていないだけである。蓮の種子が次第に膨らみ生長し芽を出し蕾を持つようになるが、その過程は迷いの中で菩提に向かい悟りを得ようとする人々の心にたとえられる。しかし迷いの世界にあり、寒さに覆《おお》われ大風に吹かれようとも、この菩提心という蕾は萎《しお》れたり色があせたりすることはない。花を咲かせるときを、栄養を蓄え待っているのである。それが「大悲胎蔵」である。そしてその結果、花を開き人々にその美しさを見せることが「生曼荼羅」であ

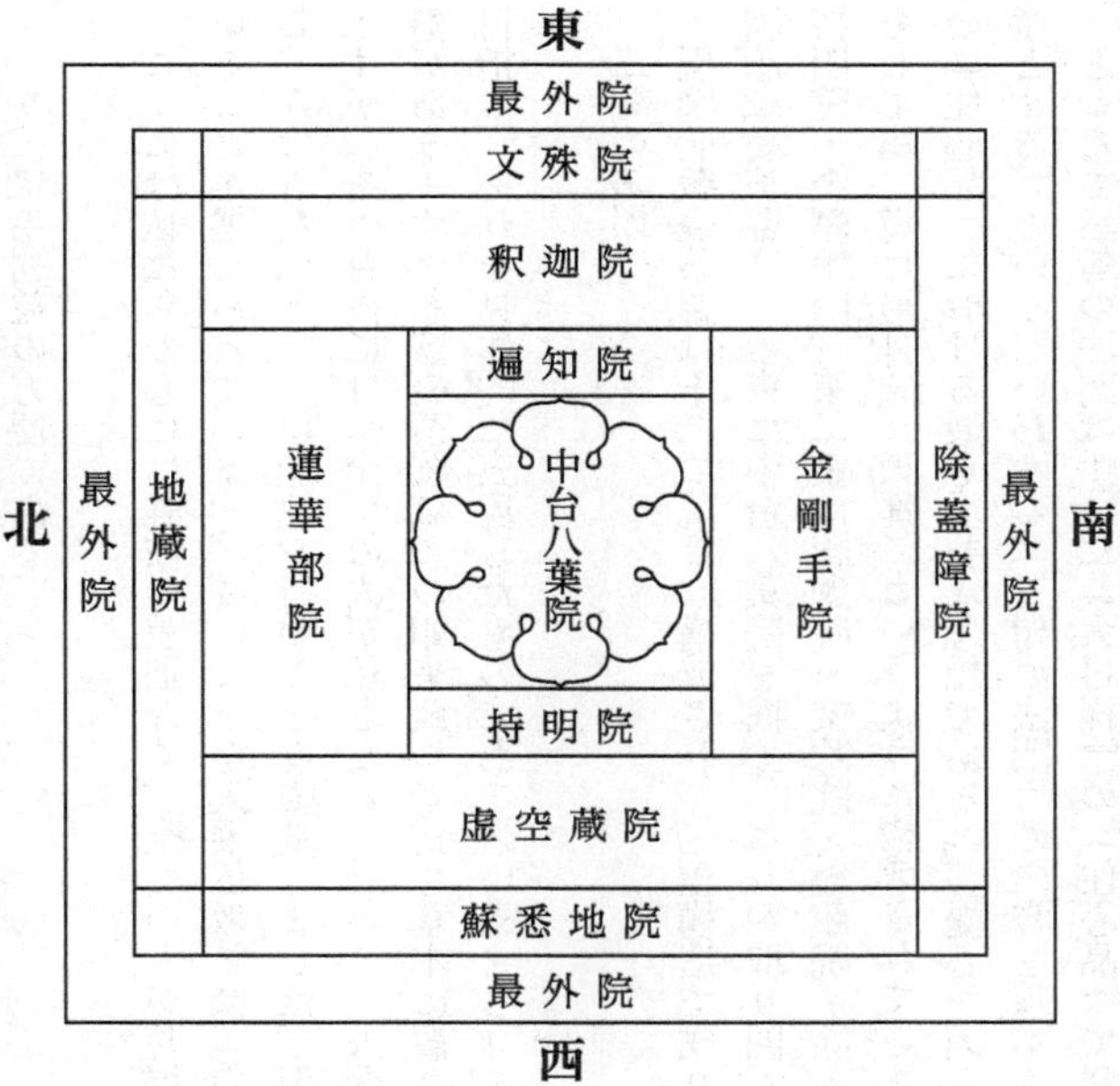
東
最外院
文殊院
釈迦院
遍知院
北
最外院
地蔵院
蓮華部院
中台八葉院
金剛手院
除蓋障院
最外院
南
持明院
虚空蔵院
蘇悉地院
最外院
西

り、衆生利益の方便である。

ここには私たちの心には誰彼の差別なく、全ての人が菩提心すなわち悟りの心を具えていることが述べられています。このことを大乗仏教では「如来蔵《にょらいぞう》」あるいは「仏性《ぶっしょう》」と称し、人はみな仏となる可能性を持つことを強調しました。現象世界は様々に差別されていますが、その背後には「全ての人が仏となる」という、人間を全く信頼する大乗仏教の姿勢があります。胎蔵曼荼羅はこの如来蔵の考えを基本に置きながら、その現実的な展開を目指し、それを具体的に表現したものであるといえましょう。

三句の法門

現図胎蔵曼荼羅は十二の院より構成され、三重構造で成り立っています。図のように現図胎蔵曼荼羅は、中央に中台八葉院を据え、これを取り囲んで初重に遍知院・蓮華部院・持明院・金剛手院、第二重に釈迦院・文殊院・地蔵院・除蓋障院《じょがいしょういん》・虚空蔵院・蘇悉地院《そしつじいん》、そして第三重に最外院《さいげいん》（天部）というように構成されています。そしてこれは『大日経』の「住心品」における最も重要な思想である「菩提心を因とし、大悲を根とし、方便を究竟とする」という、いわゆる「三句の法門」の内容を基本として描かれたものです。

ところで三句の法門はすでに『大日経』の「住心品」で詳細に説かれているのに、なぜ改めて説示する必要があるのでしょうか。その理由について『大日経疏』は、次のように説明しています。

「住心品」では様々な心の動きや働きに集約して、悟りの智慧（一切智心）について述べ終わった。しかしこの智慧を獲得するためには、いかなる方法を以てすればよいのであろうか。それを示すために「具縁品《ぐえんぼん》」では、曼荼羅の行法をあかすのである。

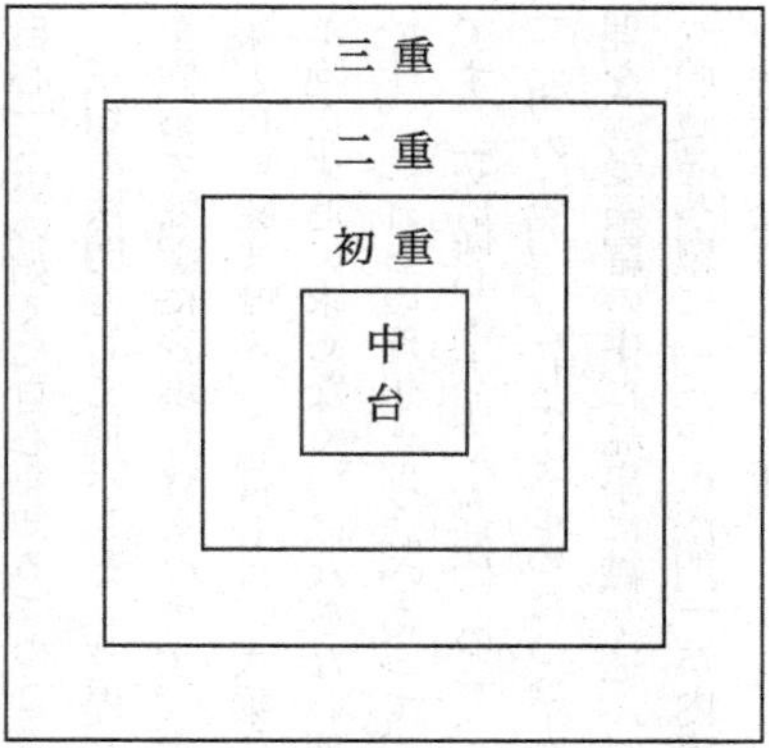

すなわち「住心品」では一切智の内容を理論的に説いたのであって、具体的にこれを獲得する方法は示してはいません。それゆえ「具縁品」では実際に一切智心という妙果を獲得する、その実践方法を示す必要があると説いているのです。その実践方法とは密教の儀軌《ぎき》や次第《しだい》にそった種々な観法ですが、それを修することによって真言行者の心に一切智の顕現である曼荼羅を描くことができるのです。いうまでもなく一切智心とは「如実知

自心」（実の如くに自心を知る）のことであり、如実に知る内容は「三句の法門」なのです。

三句の法門として提示した「菩提心・大悲・方便」は、大乗仏教の最も基本とする教理を極めて簡潔に表現したものです。大乗仏教の根本理念は大悲であり、これ無くしては大乗とはいえません。菩提心は、大乗仏教では菩提に向け心を発すことです。菩提は私たちが絶えず追い求めなくてはならない理想であり、この心があってはじめて菩薩といえるのです。これらの理想と理念があって、はじめて衆生救済の活動、すなわち方便ができるのです。「菩提心・大悲・方便」の一つ一つの概念は大乗経典に散説されているものですが、「三句の法門」としてまとめたのは『大日経』でしょう。そしてこれら大乗仏教の根本教理を、曼荼羅の中に見事に織り込んだものが胎蔵曼荼羅なのです。

胎蔵曼荼羅に「三句の法門」が内容的にどう関係するかについて、現在次のような二つの解釈がなされています。

①曼荼羅の中央に位置する「中台八葉院」、その中心に坐している大日如来を菩提心、蓮弁上の四仏・四菩薩を大悲、これを取り囲む三重に描かれた諸尊を方便とする。（左図上）

②中台八葉院と初重を菩提心、第二重を大悲、第三重を方便とする。（左図下）

このうち②の説に関しては中台八葉院は別格として除き、初重のみを菩提心とする解釈もあります。これら二説がある中で一般の概説書ではほとんど②の説、すなわち「中台八葉院と初重は因たる菩提心の徳、第二重は根たる大悲の徳、第三重は広く全ての生類におよぶ方便の徳を表す」という解釈がなされています。

しかし伝統的には、むしろ①の解釈が用いられていることが多いようです。たとえば

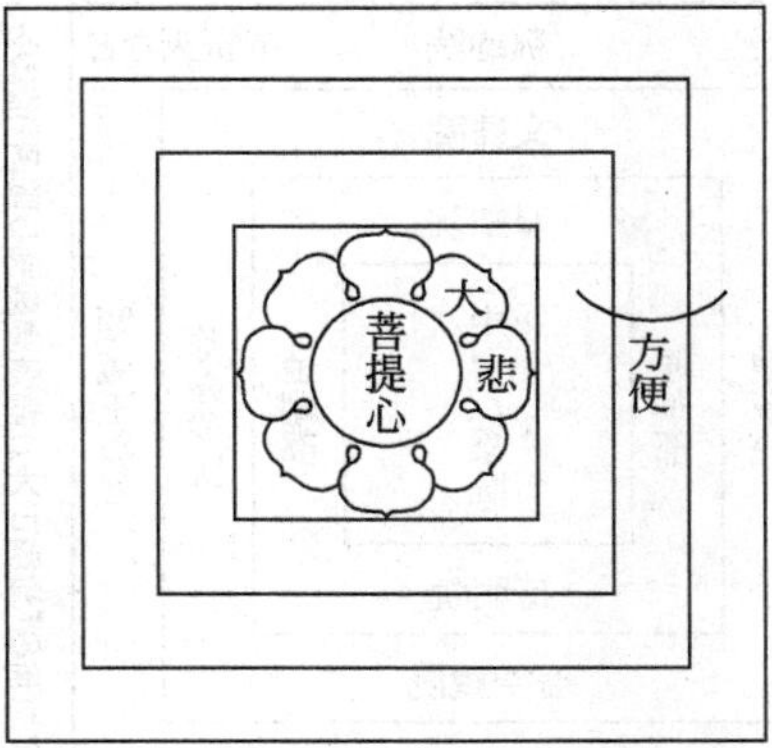

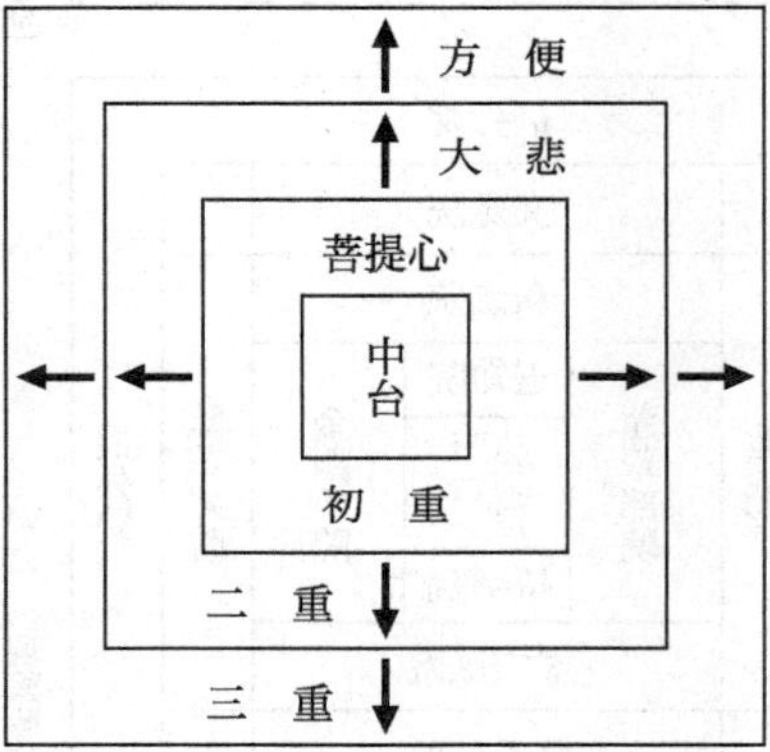

『大日経』所説の胎蔵曼荼羅（『大日経疏』の解釈による）

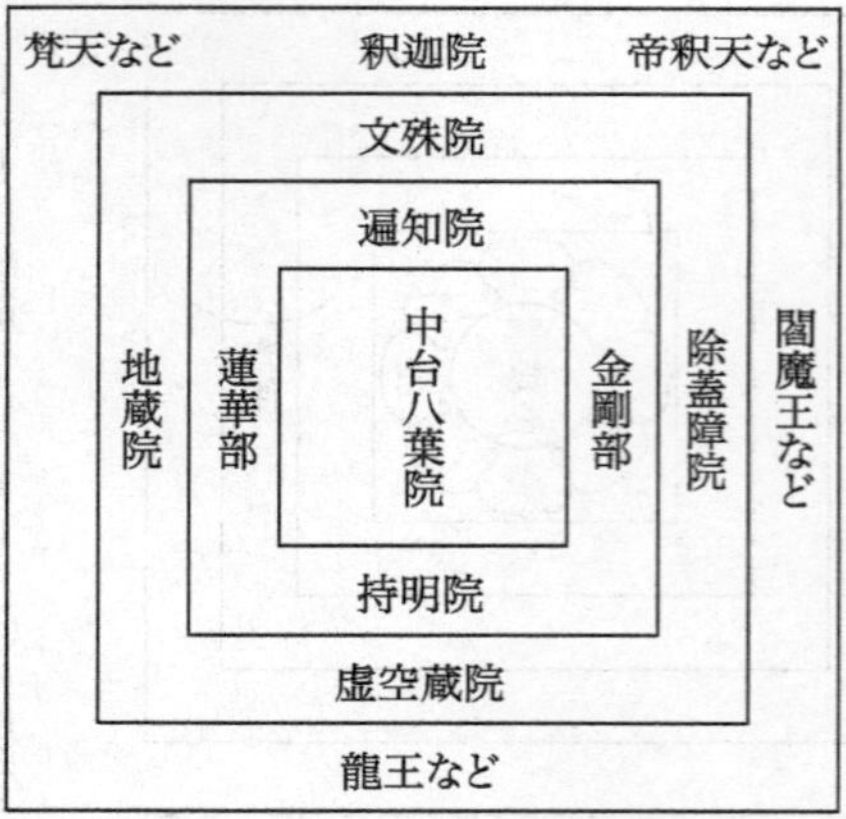

現図胎蔵曼荼羅

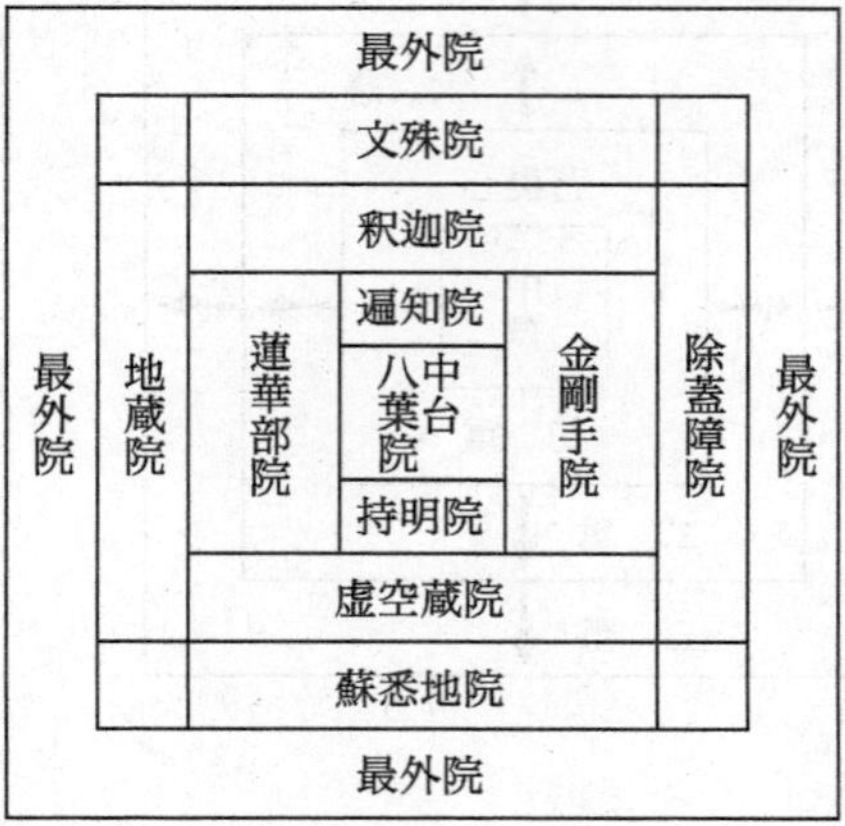

『大日経疏』には次のようにあります。

前の三句を問うとは、一には菩提心を種子とし、二には大悲を根とし、三には方便を究竟とする。今大悲胎蔵曼荼羅についてこれを説かば、いわく中台を以て菩提心とし、次に八葉を大悲とし、外の三院を方便とする。

また慈雲《じうん》尊者飲光《おんこう》も同様に、「中台の大日尊を菩提心とし、四仏・四菩薩を大悲の表れとし、外三院を方便とする」（『両部曼荼羅随聞記《ずいもんき》』）と述べ、『大日経疏』と同じ見解を示しています。これは大日如来の悟りの本体が大悲に触発されて、初重・二重・三重という形で無限に展開しているとの理解です。

私はこれら二説では、『大日経疏』や慈雲尊者の解釈の方が自然であると考えます。なぜなら、たとえば『大日経』の説く曼荼羅では釈迦院に天部が描かれていますが、現図曼荼羅では釈迦院は第二重、天部は第三重というように、釈迦とその眷属《けんぞく》と天部は別の院に配されています。また『大日経疏』の解釈によれば、「大日経曼荼羅」では釈迦院は第三重に配するのです。②の説によってこの両曼荼羅を見たとき、現図曼荼羅では釈迦院は大悲に配され、天部は方便となりますが、『大日経疏』の解釈にしたがって「大日経曼荼羅」を見れば、前図のごとく釈迦院も天部も方便となります。すなわち②説によれば、胎蔵曼荼羅の解釈に矛盾が生じてしまうのです。少なくともこの①の解釈に立てば、現図曼荼羅も『大日経』の説く曼荼羅も、矛盾なく三句の法門の理解が成り立つのです。

各院の相互関係

現図曼荼羅の内容が三句の法門に立脚していることは理解されたことと思います。次に現図曼荼羅を構成している各院がどのようなつながりを持っているのか、その相互関係について述べることとします。

現図曼荼羅は伝統的には「十三大院」といわれています。十三大院とは十二大院に「四《し》大護《だいご》院《いん》」を加えたものをいいます。四大護院とは、東・無畏大護、南・無堪忍大護、西・難降大護《なんごうだいご》、北・壊《え》諸怖《しょふ》大護《だいご》で、四門を守護するものたちです。しかし「胎蔵図像」など四大護院が描かれている曼荼羅もありますが、現図曼荼羅にはこれは描かれていないので、ここでは十二大院の相互関係を述べることとします。

さて、現図胎蔵曼荼羅の中央に位置するのが「中台八葉院《ちゅうだいはちょういん》」です。八葉と称されていますが、これは八つに開いた蓮の花びらのことです。この形はカリダ心（hṛdaya）ともいわれ、インドでは「人間の心臓」を表すとされています。いうまでもなくここが一番根源的なところで、まさに胎蔵曼荼羅の心臓そのものです。

この蓮弁の中心に悟りの本質を示す大日如来が坐し、八方に開いた蓮弁上には四仏・四菩薩が描かれ、ここに悟りの根本的なあり方が示されます。悟りはエネルギーとなって中台八葉院から流出し、まず上方の「遍知院《へんちいん》」に受け止められます。遍知院はその躍動するエネルギーを「慈悲と智慧」とに変化させて生み出すことになります。それゆえ遍知院は

「仏母院《ぶつもいん》」とも称されます。

遍知院から生み出された慈悲と智慧は、まず「蓮華部院《れんげぶいん》」と「金剛手院《こんごうしゅいん》」へと様々な菩薩像に姿を変え描き出されます。すなわち蓮華部院に描かれた様々な観音菩薩の姿は、そのまま大日如来の慈悲の多様さと深さを表しています。これに対して金剛手院に描かれる様々な金剛の菩薩たちは、煩悩を摧破《さいは》し迷いを断つ種々な智慧の働きを示しています。そして「持明院《じみょういん》」では、この慈悲と智慧が一体となって働くあり方を示しているのです。

たとえば子供が病気になったとします。母親は熱にうなされて苦しむ我が子を見て、涙を流し、真から可哀相と思います。その気持ちが慈悲心であり、それが蓮華部院の観音菩薩の姿で示されます。次に如何《いか》にしたら病気を治すことができるか、熱を下げる方法はないか、苦しみを和らげるにはどうしたらよいか、というように様々な手だてを考えることが智慧です。そういった智慧の働きを表したものが金剛手院の菩薩たちです。しかしそれだけでは救えないので、実際に氷枕をしたり、薬を飲ませたりなどの治療を施さなくてはなりません。その行為を示したのが持明院の必死の表情をした明王たちなのです。

第二重においては、初重において示された慈悲と智慧が、さらに現実世界に働くさまを表しています。まず「釈迦院《しゃかいん》」がその象徴的な存在です。釈尊は現実世界で実際に衆生救済を実践した歴史上の人物として描かれます。釈迦院では、現存した釈尊と弟子たちを描くことによって、法が現実に展開している姿を示したのです。これにつづき「文殊院《もんじゅいん》」は、釈尊の亡き後その志を継いで衆生救済を実践する菩薩の代表であります。すなわち菩薩道を示すことで、釈尊の教えがさらに徹底されるのです。また「地蔵院《じぞういん》」では蓮華部院で示された慈悲の実践を、「除蓋障院」では金剛手院の智慧の働きの現実化を表しています。そして「虚空蔵院《こくうぞういん》」では、大日如来の無限の福徳が示され、それが現実世界に対して尽きることのない福徳施与の働きであることを描いています。「蘇悉地院」は、虚空蔵院と同様な働きをもって、さらなる衆生教化の徳を示すものといえましょう。

第三重の「最外院」では、これら大日如来の衆生救済の慈悲と智慧による働きが、地獄・餓鬼・畜生・修羅・人・天と、六道に輪廻するあらゆる衆生にまで及ぶことを示しています。

曼荼羅と仏身論

このように三句に集約される大日如来の功徳が、中央から外へと展開して行くさまを「自本垂迹《じほんすいじやく》」といいます。逆に、外から中へと、すなわち凡夫位から仏位へと人々の心が高まって行くという視点から見たものを「従因至果《じゆういんしか》」と呼んでいます。自本垂迹は悟りが展開する理の世界を表し、従因至果は菩提を求め修行する、いわば自利的な実践を表しているといえましょう。自本垂迹は三句の法門の思想で説明しましたが、従因至果は大日如来が様々な機根の人々を導くために種々な身体を現じたと見るもので、専門的な言葉でいえば「三身説《さんしんせつ》」という考えによって解釈しています。

三身説には、「自性身《じしようしん》・受用身《じゆゆうしん》・変化身《へんげしん》」と「法身・報身・変化身」とがあります。ここでは自性・受用・変化の三身について述べておきます。自性身とは悟りそれ自体のこと。受用身は悟りの喜びを味わうことで、これは二つに区分されます。一つは自受用身で、悟りの喜びを仏自らが味わうこと。もう一つは他受用身で、これは他に味わわせる仏です。変化身は様々な姿で示現し、人々を導く仏です。

この三身説を曼荼羅の三重構造に配し解釈したのが従因至果です。配し方には諸説ありますが、今は中台八葉院は自性身、初重は自受用身、第二重は他受用身、第三重は変化身としておきます。

この三身説は、釈尊の一生の行動に重ね合わせて見ると分かりやすいでしょう。たとえば釈尊は菩提樹下で端坐し悟りを獲得しましたが、その悟り自体が自性身、同じ釈尊が悟りの喜びを味わっている状態を自受用身とします。そして菩提樹下から立ち上がり、五比《び》丘《く》をはじめ弟子たちに法を説き味わわせたことが他受用身です。すなわち他受用身は出家者に対する説法ということができます。それに対し変化身とは、釈尊が旅をつづけながらそれぞれの衆生の機根に合わせて説法し救済活動をした姿であります。たとえば他受用身が医学の根本理念や基礎理論を専門的に学ぶものに教えるものとしたならば、変化身は臨床医として現実に治療を施す立場と見ることができます。

またこれに「等流身《とうるしん》」を加えて四種身とし、曼荼羅を四重構造と見てこれに配する考えもあります。等流身とは変化身を分けたものであり、この二身は内容的にそれほど違いはありません。この場合、文殊院と蘇悉地院を変化身にあて、最外院を等流身とします。しかし釈迦院と文殊院、虚空蔵院と蘇悉地院は同じグループであることから、これを分離した四種身説の解釈は若干の無理があると思えます。

これ以外に、胎蔵曼荼羅の各院を「仏部・蓮華部・金剛部」の三部に分けて解釈する考えもあります。仏部とは慈悲と智慧が円満したものであり、蓮華部は慈悲を表し、金剛部は智慧を表しています。仏部には中台八葉院・遍知院・持明院・釈迦院・文殊院・虚空蔵院・蘇悉地院が配されます。そして蓮華部には蓮華部院・地蔵院、金剛部には金剛手院・除蓋障院が配されます。ただし最外院は数えません。

中台八葉院《ちゅうだいはちよういん》……………

曼荼羅の中核

中台八葉院《ちゅうだいはちよういん》は、胎蔵曼荼羅の中核です。八葉に開いた蓮弁は、『大日経』の記述では白蓮華で描くこととなっていますが、現図曼荼羅では深紅に色付けされています。これはおそらく大日如来の悟りが躍動している状態を心臓にたとえ、その悟りの智慧の動きを心臓に脈々と流れる赤い血として表現したことからでしょう。

次図のように中台八葉院の中心、すなわち蓮華の鬚蕊《しゅずい》（花心の台《うてな》）には大日如来が描かれています。そして蓮弁の東には宝幢《ほうどう》如来、南には開敷華王《かいふけおう》如来、西には無量寿如来、北には天鼓雷音《てんくらいおん》如来の四仏が坐しています。さらに、東南には普賢菩薩、南西には文殊菩薩、西北には観音菩薩、北東には弥勒菩薩の四菩薩が坐しています。四方の如来は智徳を得た姿であり、四隅の四菩薩はその果徳を得る以前の姿を表しています。すなわち、普賢菩薩は宝幢如来のもとで悟りへの目覚めを発し修行することを表し、文殊菩薩は開敷華王如来のもとで修行し悟りにいたることを表し、観音菩薩は無量寿如来のもとで理想の境地にい

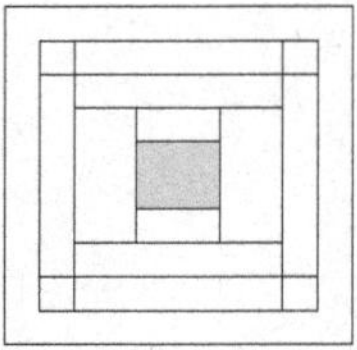

瓶
宝幢如来
金剛杵
弥勒菩薩
普賢菩薩
天鼓雷音如来
開敷華王如来
観音菩薩
文殊菩薩
大日如来
無量寿如来
五色界道

たることを表し、弥勒菩薩は天鼓雷音如来のもとで理想の境地を目指し修行して人々に救いの手をさしのべる行為を表しているのです。これらの動きを「五転《ごてん》」といいます。

五　転

五転とは「発心・修行・菩提・涅槃・方便」のことで、釈尊が菩提心を発し、修行し、菩提を得て、涅槃の境地に入り、その後に衆生済度の方便を実践した、その足跡になぞらえたものです。伝統的に中台八葉院はこの五転思想で解釈されますが、それには「中因発心」と「東因発心」という二つの見方があります。

中因発心説は、大日如来が大悲心より人々を救うため発心し、宝幢如来で修行を示し、開敷華王如来で菩提を示し、無量寿如来で涅槃を示し、天鼓雷音如来で方便を示す、という解釈です。これに対して東因発心説は、宝幢如来が発心、開敷華王如来が修行、無量寿如来が菩提、天鼓雷音如来が涅槃、大日如来が方便を示した、という過程を表すという解釈です。その違いは、中因発心説は大日如来が悟りの理を人々に示したものであり、東因発心説は悟りを求め発心修行する立場からこれを示したものです。いずれにせよ、これらは見方の相違であり、語ろうとする内容は同じものです。

また五転思想は『大日経』の「成就悉地品」や「字輪品」でも、中台八葉院の五仏と関連させ説示されています。それは東因発心説によるもので、蓮弁の四方に種字を配するものです。すなわち、中台八葉院の五仏が描かれる場に、それぞれ「東方 𑖀菩提心」「南方 𑖁修行」「西方 𑖀𑖽菩提」「北方 𑖀𑖾涅槃」「中央 𑖁𑖽𑖾方便」と配するのです。

大日如来

中央に坐す「大日如来」は、法界定印《ほっかいじょういん》を結び、静かに瞑想に耽っている姿で描かれています。その大日如来像について『大日経疏』は、

> 白蓮華上に悟りを表す阿字《あじ》が輝く。その阿字が変じて大日如来となる。その身体は金色に輝き、種々に光を放つ。菩薩形をとり、頭には髪髻《はっけい》の冠を戴き、薄絹の衣を着けている。

と記しています。密教では宇宙一切の存在を司る宗教的人格があると捉え、これを大日如来と呼んでいます。そしてこの大日如来を一字で標幟《ひょうじ》すれば「阿字」となり、この阿字が一切の本源を象徴するのです。大日如来の原名は、マハー・ヴァイローチャナ・タターガタ（Mahā-vairocana-tathāgata）といい、大毘盧遮那《だいびるしゃな》如来と称しています。マハーは大で、ヴァイローチャナは光を意味し、遍光・普照などと漢訳されます。タターガタは仏・如来のことですから、大日如来の全体の意味は「偉大なる光の如来」といったことになります。

大日如来

このように大日如来の尊名は太陽に由来しますが、働きはそれ以上であることから「大日」というのです。

大日如来とは如何なる如来なのか、それについて古くより次の三種の説明がなされています。

①除闇遍明……大日如来の智慧の光は影日向《ひなた》を造らず、すべてを明らかに照らし、あらゆる人々に及ぶ。

②能成衆務……大日如来の慈悲の働きは曇ることも障《さえ》ぎられることもなく、あらゆる人々に及ぶ。

③光無生滅……大日如来の慈悲の心と智慧は昼夜を分かたず働き、しかも永劫にわたって尽きることがない。

大日如来の尊像を見ますと、髪は肩まで伸び、頭上には宝冠を戴き、身体には種々の瓔《よう》珞《らく》をつけています。一般の如来像の「粗末な衣をまとい、頭は丸め一切の虚飾を捨て去った姿」とは対照的です。如来像はひたすら修行に励む、出家者の理想を示したものです。それに対し菩薩像は、髪を有した在家者の姿をとっています。すなわち大日如来の有髪は、如来でありながら菩薩形をとっていることになります。

密教は大乗仏教の菩薩の精神を根幹とし、現実世界で在家者と共に歩む立場をとります。出家者も僧院に籠ってしまうのではなく、世間に出て菩薩と同様に衆生救済の活動をすべきだとします。それゆえ、それまでの出家仏教が虚飾として否定した種々の飾りも、密教においては修行を妨げるものではなく、むしろ仏・菩薩の智徳・福徳を表すものとして積極的に価値づけました。もとより宝冠や瓔珞は国王が身につけるものであり、国王の象徴です。大日如来は五智の宝冠を戴き瓔珞を身につけることにより、如来の中の最高の如来、すなわち法の上の王たることを示しています。そして髪を伸ばした菩薩形をとるのは、法王自らが現実世界での衆生救済を実践するという誓願を表しているのです。

四仏・四菩薩

「宝幢如来」の宝幢とは、宝でつくられた旗印のことです。将軍が旗の振り方一つで軍隊を自在に動かし敵を破ることができるように、釈尊は魔の軍団を智慧を幢旗《どうき》として降伏させたのです。すなわち宝幢如来は、菩提という智慧を幢旗としているのです。右手の「与《よ》願《がん》の印《いん》」は、人々に菩提心を発させ、願いを叶えようとする姿です。

「開敷華王如来」は、菩提という華が開き、そこから金色の光が放たれ、一切の汚れを離れた姿を示しています。右手の「施無畏《せむい》の印」は、一切の魔を寄せつけない不動の精神、人々の恐怖や苦悩を取り除く強い意志を表しています。無畏とは、仏の説法における揺る

天鼓雷音如来

宝幢如来

四　仏

無量寿如来

開敷華王如来

弥勒菩薩

普賢菩薩

四菩薩

観音菩薩

文殊菩薩

ぎない自信です。すなわち無畏には、①自分は正しい悟りを得たという自信、②苦の原因である煩悩をすべて滅したという自信、③正しい説法をすることができるという自信、④弟子たちに悟りへの正道を説くことを畏《おそ》れない自信、の四つが数えられています。

「無量寿如来《むりょうじゅ》」は、無量光ともいいます。これらの尊名は、如来の大悲と方便が無尽であり、利益が限りないことを示しています。すなわちあらゆる人々の苦悩と疑念を断ち、願いを叶えることを表しているのです。「弥陀《みだ》の定印《じょういん》」を結んでいるのは、貪《とん》・瞋《じん》・癡《ち》の三毒を滅して涅槃の三昧に住していることを示しています。

「天鼓雷音如来」は、雷鳴のような法音を轟かせ、現実に人々を驚悟させ説法教化する姿を示しています。右手の印は地に触れているので「触地印《しょくちいん》」といいます。この印は、釈尊がまさに成道しようとしたとき、欲界を支配する魔王波旬《はじゅん》がこれを拒もうと最後の挑戦に来ましたが、そのとき釈尊がさっと右手を地につけると地の神々が姿を現し、それで釈尊は悟りの境地に達することができた、という物語に登場する印です。

経典によりますと、そのときの模様はこうです。まず魔王がまさに成道せんとする釈尊の前に現れ、「俺は欲界の王波旬である。すべてのものが俺の命令に従わねばならない。そこを立ち去れ」といいました。それに対し釈尊は、「あなたは欲界の王かもしれない。しかし私は欲界はおろか、一切の輪廻の束縛から解脱したものだ」と応えます。すると波旬は勝ち誇って、「おまえは俺を欲界の王と認めた。しかしおまえを解脱者と認めるものは誰もいないではないか」といいました。そこで釈尊は右手を地につけた、その途端、地から神々が出現し、釈尊の悟りを讃えて「おお、勇者よ」との言葉を口々に発すると、その証明者の声を聞いて波旬は消え去った、というのです。天鼓雷音如来が釈尊と見なされるのは、この印とも関係するのです。それゆえこの触地印を「降魔《ごうま》印《いん》」ともいいます。

　四隅の四葉に描かれる普賢菩薩・文殊菩薩・観音菩薩・弥勒菩薩は、大乗仏教を代表する理想の菩薩です。「普賢《ふげん》菩薩」は大乗菩薩の実践行をなしとげた徳を表しています。右手の印を「三業妙善《さんごうみょうぜん》の印《いん》」といいますが、これは人々のために身・口・意の行為を十全に成していることを示しています。「文殊《もんじゅ》菩薩」は空《くう》の智慧をもって人々の菩提心を浄め、煩悩を断ぜんとする姿です。「観音《かんのん》菩薩」は観自在菩薩とか観世音菩薩と称されるように、人々の苦しみを自在に見抜き、あるいは救いを求めている人々の声を聞いて救済する菩薩行の実践者です。「弥勒《みろく》菩薩」は慈氏《じし》菩薩とも称されるように、釈尊の説法にも与からなかった衆生にまで慈悲をもって救済する誓願を表した姿です。手に持つ水瓶《すいびょう》は、智慧の水を注ぎ速やかに人々の惑障《わくしょう》を除くことを示しています。

　中台八葉院の蓮華の八葉の間に描かれている「金剛杵《しょ》」は、様々な智慧の働きを抽象的に表したものです。そして中台八葉院の四隅に描かれる「四瓶《びょう》」は、大日如来の「菩提心・慈悲心・すぐれた見解・方便」の四徳を表しています。また中台八葉院を囲む五色の線を「五色界道《ごしきかいどう》」と呼び、大日如来の徳が四方へ展開することを示したものです。

遍知院　へんちいん

あまねく知る智

現図曼荼羅の遍知院《へんちいん》には、中央に三角火輪《さんかくかりん》、その向かって左側には仏眼仏母《ぶつげんぶつも》と七倶胝仏《しちぐていぶつ》母《も》、向かって右側には大勇猛《だいゆうみょう》菩薩と大安楽不空真実《だいあんらくふくうしんじつ》菩薩、そして三角火輪の上部の左右に小さく伽耶《がや》迦葉《かしょう》と優楼頻羅《うるびんら》迦葉が描かれています。

この院は描かれる尊数はそれほど多くはありませんが、歴史的にも文化的にも示唆に富んでいて極めて興味深いところでもあります。たとえば伽耶迦葉と優楼頻羅迦葉に那《な》提《だい》迦葉を加えた三人は三迦葉と呼ばれ、当時多くの弟子を持ち、王舎城の人たちの信仰を集めていた拝火外《げ》道《どう》の指導者でした。釈尊が初転法輪したのち間もなく、この地を訪れて反目する三人をその弟子と共に帰依させた話は有名です。王舎城のビンビサーラ王をはじめ、舎利《しゃり》弗《ほつ》や目連《もくれん》の二人が釈尊に帰依したことは、仏教教団が大きく飛躍する転機になった非常に大きな出来事でした。（ちなみに釈尊の入滅後に指導者として仏教教団を支えた大迦葉とこの三迦葉は別人です。）

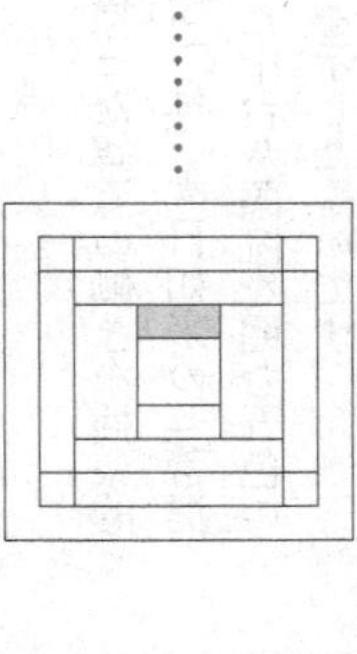

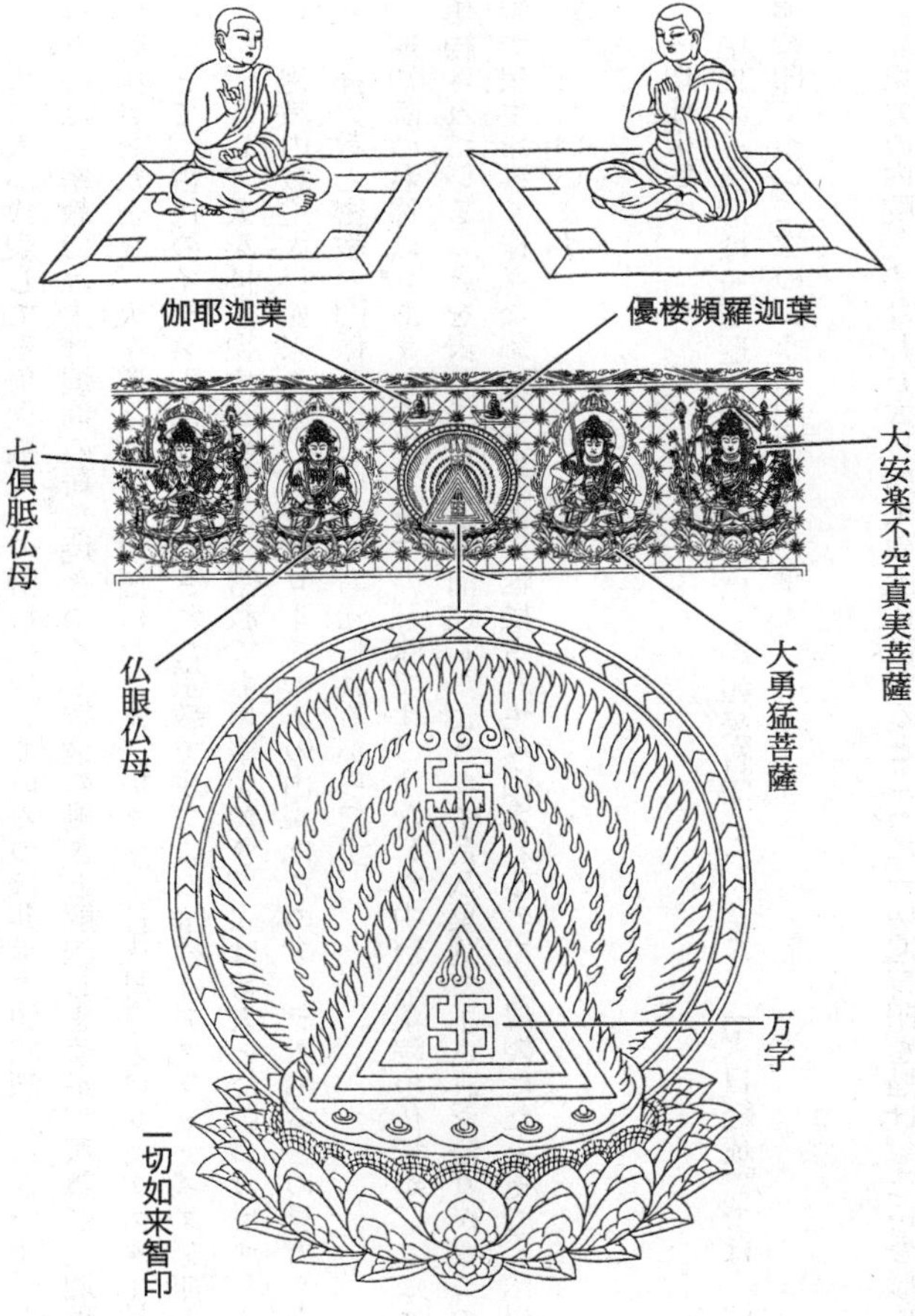
伽耶迦葉
優楼頻羅迦葉
七倶胝仏母
大安楽不空真実菩薩
仏眼仏母
大勇猛菩薩
万字
一切如来智印

この二人が代表して三角火輪の炎の傍らに坐しているのは非常に興味深いことです。というのは、密教では火は煩悩の薪《たきぎ》を焼きつくす智慧の働きと解釈しますが、釈尊が三迦葉を降伏させたとき、火を燃えさかる煩悩にたとえています。拝火外道とはゾロアスター教のことで、古代のイラン人たちに信仰された宗教です。この宗教はアフラ・マズダを神として信仰し、火を神聖視するのです。密教でも護摩を焚き、火は智火と位置づけます。さらに密教の教主大日如来の原名ヴァイローチャナの由来はこのアフラであるとの見方もあり、拝火教と密教の関係がいろいろと考えられるからです。

遍知院の名称は「あまねく知る智」の意味です。すなわち中台八葉院の仏智が、ここに集約されていることを表しています。前述したように中台八葉院で示された悟りが、この院で衆生を導く様々な慈悲と智慧とに転換され生み出されるので、母親にたとえて「仏母院」ともいいます。

一切如来智印

中央の三角形は一切遍智印、あるいは一切如来智印といいます。『大日経疏』では一切遍智印について次のように記述しています。

東方の内院、すなわち大日如来の上に当たるところに一切遍智印を描け。三角の形にして、その鋭を下に向け、純白色にして、光焰でこれを囲み白蓮華の上に置け。これは十方三世の一切如来の大勤勇《だいごんゆう》の印なり。諸仏心印という。三角は降伏除障の義なり。仏が道樹に坐したとき、威猛の大勢をもって四魔を降伏し、正覚《しょうがく》を成じたことによる。鮮白大慈悲の色なり。如来の獅子《しし》奮迅《ふんじん》の大精進力は、この因縁に由来する。大悲の光を放って常に法界に遍ず。それゆえに普周辺というなり。

ここに説示されているように、一切遍智印は釈尊の降魔成道の状態を彷彿とさせるもので、まさに魔を打ち破った智慧の働きを象徴化したものといえます。四魔とは、煩悩魔・陰魔・死魔・天魔です。このうちの陰魔とは五蘊魔《ごうんま》ともいい、身体自身が多くの悩みを引き起こす原因、すなわち魔と見たものです。天魔とは、人が善いことをしようとするのを邪魔するものや外道をいいます。欲界の魔王波旬がその象徴です。

現図曼荼羅では、この三角形は上向きで描かれていますが、『大日経』所説曼荼羅では逆の形となっています。この三角の印は火の燃えるさまを表し、不浄なものを焼き尽くす働きを示しています。すなわち大慈悲心から流出する如来の智慧が、貪・瞋・癡の三毒の煩悩を焼き尽くすのです。また逆三角は女性の性器を暗示するもので、女性が子供を生み出すことにたとえて、ここから仏智が流出し一切の煩悩を断つのです。

万字

三角形の中には万字《まんじ》が描かれています。万字の語源は、サンスクリットのシュリーヴァッサ（śrivatsa）あるいはスバスティカ（svastika）という言葉といわれています。シュリーヴァッサはヴィシュヌ神などの胸に生える捲毛《まきげ》を意味し、「徳字」とか「吉祥相」などと漢訳されます。スバスティカは吉兆のしるしという意味で、「吉祥」あるいは「万字」と漢訳されます。漢訳者は仏の胸上の吉祥の幖幟であることから、吉祥万徳の集合と解釈して万字と翻訳したものと考えられます。すなわち三角に万字が記されていることは、ここが仏法を生み出す根源であることを象徴するのです。

万字は三角形の中央と外の尖りの上の二か所に描かれています。中の万字は人々に本来具わっている菩提心を表し、外の万字は釈尊が四魔を降伏させ正覚したことを表しており、法がこれから展開することを示しているのです。この万字には、右旋《うせん》と左旋の両方があります。地図に載っている寺院のマークは左旋（卍）ですが、曼荼羅に描かれた万字は右旋（卐）です。一説によれば、右旋の万字は昼間の太陽、すなわち光明を意味するといいます。これに対し左旋の万字は破壊を表すといいます。またインド教では、男性神を右旋、女性神を左旋で示すともいいます。あるいは仏の三十二相の一つ、毛髪右旋に由来するともいわれています。

このように万字の解釈には諸説あり、いずれとも決定することは難しいのです。特に中国では、右旋・左旋が混乱して使用されています。しかし現図曼荼羅は右旋に描かれていることから、今は「万字は右旋を本来とし、太陽を由来とする。そして仏教ではこれを如来の智慧が展開する象徴とする」としておきます。

慈悲と智慧を生み出す尊

一切如来智印の北側には、仏眼仏母と七倶胝仏母が描かれています。仏眼仏母は諸仏を生み出す母親という意味で、虚空眼とか智慧眼とも別称されます。『大日経疏』には「三角の北側に、虚空眼を置け。これは毘盧遮那《びるしゃな》の母なり。仏母の義は般若経の仏母品に説かれるごとくである」と述べられています。一切の慈悲や智慧はすべて甚深なる般若波羅蜜から生じたものである、という教えは般若波羅蜜が一切を生み出す般若経の根本的な考えです。仏眼仏母が静かに端坐する姿は、虚空にはわずかな支障もなく無限な広がりを持っているように、暗夜に迷うあらゆる衆生を観察し仏道に導くことを示しています。

七倶胝仏母の倶胝とは、サンスクリットのコーティ（koṭi）の音写語で、万とか億という単位です。すなわち七千万億もの諸仏を生んだ母の意味です。尊像は様々なものを生み出す誓願を込め、十八臂《ぴ》の姿で描かれています。

またこれらと反対の南側には、大勇猛菩薩と大安楽不空真実菩薩が描かれています。『大日経疏』には「南には一切諸菩薩の真陀摩尼《しんだまに》の印《いん》をなせ。これは浄菩提心の無辺の行《ぎょう》

七倶胝仏母

仏眼仏母

大勇猛菩薩

大安楽不空真実菩薩

願《がん》の集まりである。常に世・出世間の一切の財宝を雨ふらす」とあります。すなわち衆生の願いに応じて、あらゆる教えを惜しみなく施与することを摩尼宝珠《まにほうしゅ》で表しているのです。現図曼荼羅では、この菩薩に剣と宝珠を持たせています。剣は煩悩を断じる智慧を表しますから、これらで衆生教化の積極性を示しているのです。

大安楽不空真実菩薩は二十臂の姿で描かれています。多くの手に携えた器物は、様々な智慧がこれから転ずることを示しています。この尊は普賢延命菩薩と同体とされ、二十の手の持ち物は金剛界曼荼羅の十六大菩薩と四摂《ししょう》菩薩のものと同じです。（一七四－一七六頁参照）

以上のことから、向かって左側に描かれる仏眼仏母と七倶胝仏母の両尊は蓮華部院の慈悲の諸尊を生み出し、反対側の大勇猛菩薩と大安楽不空真実菩薩は金剛手院の智慧の諸尊を流出するのです。

このように遍知院は慈悲と智慧を生み出す母体という働きを持つので、「仏母院」とも称されます。中台八葉院の四仏四菩薩は、大日如来の胎内にある覚りの実相です。それは母親の胎内にある生命がここで育まれ、赤ん坊として出産されることと重ね合わせています。そして仏母院から生み出された慈悲のありようを蓮華部院の観音菩薩で、様々な智慧の働きを金剛手院の金剛菩薩を描くことで、私たちに示すのです。

蓮華部院　れんげぶいん

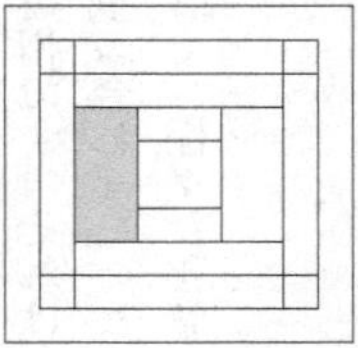

大日如来の慈悲

蓮華《れんげ》部院《ぶいん》は「観音院」ともいい、中台八葉院に向かって左側、すなわち北側に位置しています。現図曼荼羅では二十一の観音菩薩と、これに随伴する多くの使者が描かれていますが、使者の数は諸説があり一定していません。たとえば、東寺《とうじ》曼荼羅十六尊、長谷《はせ》曼荼羅十五尊、高雄《たかお》曼荼羅十四尊とまちまちです。使者の数は経典による明確な説示がないため、どれが最適かは決定できませんが、諸説を比較検討して観蔵院曼荼羅では十六尊描いています。

これに対し『大日経』の「具縁品」では七尊、「秘密曼荼羅品」では九尊の観音菩薩を描く旨が記されています。その名を挙げれば次の通りです。

具縁品……持名称者・得大勢・毘倶胝《びくち》・観世自在・何耶掲利婆《かやかりば》・多羅・白処尊

秘密曼荼羅品……諸吉祥・大勢至・明妃・毘倶胝・観自在・多羅・白処・資財主・馬頭

このような数の違いは、現図曼荼羅と『大日経』との時代の隔たりを感じさせます。現図曼荼羅は蓮華部院と金剛手院の尊数を同じにし、左右対称になるよう構成されているのです。『大日経』の記述に欠けている蓮華部院の残りの菩薩は、『不空羂索経《ふくうけんじやくきよう》』をはじめとする他の密教経典や儀軌より取り入れられたものです。

この院は、大日如来の慈悲を司るとされます。各々の尊が手に蓮華を持つのは、それを象徴しています。ちなみにこの院の主尊である聖観自在菩薩についての『大日経疏』の記述をみれば、その特徴が明らかになります。すなわち、

大精進観自在菩薩は、蓮華部の主なり。如来は究竟《くきよう》じて十縁生句を観察して、普眼の蓮華を成すことを得るゆえに観自在と名づく。如来の行に約するゆえに菩薩と名づく。頂に無量寿を現ぜるは、この行の極果が如来の普門の方便智なることを明かす。

とあります。これによって、蓮華部院の諸尊は中台八葉院の無量寿如来の妙観察智《みようかんざつち》（五五頁参照）の展開であることが分かります。この智慧は衆生の一切の悩み苦しみを察知して、衆生済度に働くのです。「普眼の蓮華を成すことを得る」ということは、救済を求め

る一切の人々に手をさしのべ、その心に蓮華のような一点の汚れのない菩提心を育ててくれることです。

日本で宗派を超えて広く読誦《どくじゅ》されている『般若心経』の教主はこの聖観自在菩薩です。また三十三観音霊場にも象徴されるように、様々なかたちで私たちを見守り救ってくれる菩薩としての信仰が篤いのは、その慈悲の心の温かさのゆえといえましょう。

おだやかな姿で描かれる蓮華部院の諸尊の中で、馬頭《ばとう》観音菩薩のみ怒りの形相をしています。馬頭観音は、その名から馬を供養するために造られたと思われがちですが、蓮華部院の馬頭観音はそうではありません。たとえば転輪聖王《てんりんじょうおう》の宝馬は休むことなく疾駆《しっく》するといわれています。身命を惜しまず人々のために働くことを誓願とした菩薩の精進力を、この宝馬に象徴しているのです。すなわち衆生救済の思いの深さが、忿怒形《ふんぬぎょう》として表現されたのです。

十縁生句

観音菩薩の智慧は「十縁生句《じゅうえんじょうく》」を観察する三昧によって得られると、『大日経疏』に記されています。すこし理屈っぽくなりますが、十縁生句を紹介しておきます。『大日経』に次のようにあります。

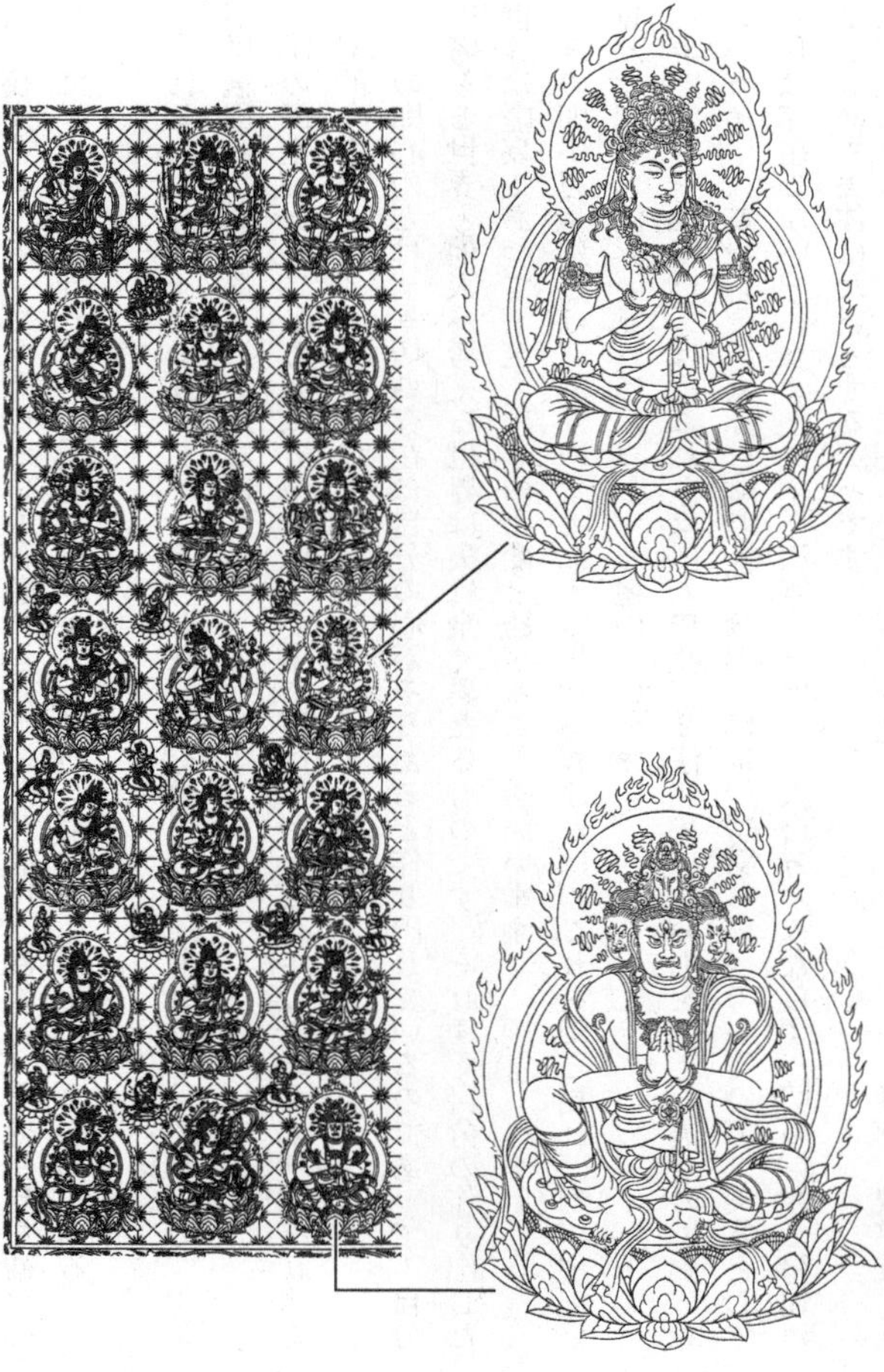

聖観自在菩薩

馬頭観音菩薩

秘密主よ、若《も》し真言門において菩薩行を修する諸菩薩は、深修して十縁生句を観察して、常に真言行において通達し作証すべし。乃至《ないし》実の如く遍く一切の心相を知る。

これを『大日経疏』の解釈によれば、十縁生句を観ずるのに①即空幻、②即心幻、③即不思議幻の三種のあり方があるとします。

①の即空幻とは、私たちは五蘊という要素で仮に和合して存在していますが、それゆえ絶対的な自我はなく、本来空であると観ずることをいいます。

②の即心幻とは、一切の存在は自分の心がそうあると作り出しているのであって、自分の考える世界と他人が考える世界は実は全く異なるものです。それゆえ自分の作り出した世界は虚妄であって、全ては心の所変と観ずることをいいます。

③の即不思議幻とは、ありのままに十縁生句を観ずれば、これを幻と見れば幻、現実と見れば現実、法界と見れば法界とする境地をいいます。

専門的な言葉でいえば、これらは①人無我、②法無我、③分別を超えた悟りの境界、をいいます。人無我とは、人間は関係性（縁起）によって成り立っているので、実体としての我は存在しないということです。法無我とは、一人自分のみならず一切の存在は縁起によるもので実体はないとすることです。

「十縁生句」とは、幻・陽炎・夢・影・乾闥婆城《けんだつばじょう》・響・水月・浮泡・虚空華《こくうげ》・旋火輪《せんかりん》、の十をいいます。あたかも釈尊の成道時に魔による様々な誘惑があったように、修行者に最後の試練があります。これらは一般的には、実体のない仮のものを表すたとえとして用いられているものです。真言行者が瑜伽《ゆが》を行い様々な観法をなすうち、こうした十種の神秘体験をするといいます。たとえば、幻とは呪術や薬の力によってつくられた色像が私たちの眼を迷わすように、現象をそのまま見ることは誤りであり、それの背後にある真実を見なくてはならない、とするたとえです。同様に、陽炎（かげろう）、夢、影（鏡に写った像）、乾闥婆城（蜃気楼）、響（こだま）、水月（水に写った月）、浮泡（水に浮かぶ泡）、虚空華（眼を患っているときに何もない虚空に華があるように見ること）、旋火輪（回転する火の輪）など、つぎつぎにたとえを挙げ、本来空であることを説くのです。

　真言行者が修行の最終段階で体験するこのような現象は、まさに分別を超えた悟りの境界の現実化といえましょう。一切の存在がすべて縁起の法によって展開することを体解したとき、初めて大悲の心が現実化し真言行者の行為が「方便究竟」となるのです。

　この院の共通する種字は、satya（真理）の頭文字の𑖭（sa）とされます。また『大日経疏』にはasakta（無著）、すなわち蓮華のように汚泥《おでい》にあっても染まらないことからである、とあります。どちらがよいか断定することはできません。

金剛手院　こんごうしゅいん

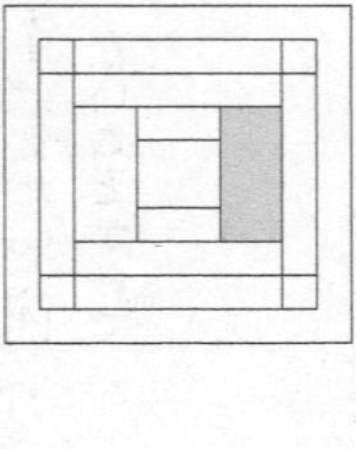

金剛薩埵

金剛手院《こんごうしゅいん》は「金剛部院」とも「薩埵院《さったいん》」ともいいます。中台八葉院の南側、蓮華部院のちょうど反対側に位置します。蓮華部院が慈悲を象徴していたのに対し、金剛手院は智慧が強調されます。また蓮華部院の諸尊が蓮華を携えているのに対し、ここでは金剛杵や剣などの煩悩を摧破する智慧の象徴たる武器を持っているのが特徴です。

この院の主尊は金剛薩埵《こんごうさった》です。『大日経』の具縁品では金剛蔵、秘密曼荼羅品では持金剛慧者と称されます。この尊は大日如来から密教を付法された第一の継承者とされ、真言の教えを伝承してきた付法の八祖の第二祖に位置づけられています。付法の八祖とは、大日如来・金剛薩埵・龍猛・龍智・金剛智・不空《ふくう》・恵果《けいか》・空海です。ちなみに、大日如来と金剛薩埵の最初の二祖は実在者ではなく、真理の人格化です。また次の二祖である龍猛と龍智は伝説的な存在者であり、金剛智以下が歴史上の人物です。大日如来と金剛薩埵の関係は、真言宗にとって最も大事なところです。密教では悟りの当体を大日如来と人格的に把握し、その智慧が展開された事実を金剛薩埵と表現した、と考えられます。すなわち大日如来の甚深の悟りは、時や場所を超えて恒《つね》に説法しつづけられていますが、その説法はまさに自ら味わうものであり、自ら問い自ら答えて限りがありません。その甚深なる説法を具現化し、智慧の展開として受け止めるのが金剛薩埵です。言い換えれば金剛薩埵は「五智の金剛・般若の鈴鐸《れいたく》」に象徴されるように、大日如来の悟りを私たちに伝えるための、具体的には密教を龍猛に伝える役割として人格化された智慧の象徴です。真言行者が修行し大日如来と入我我入《にゅうががにゅう》したとき、行者は変じて金剛薩埵となるのです。このように金剛薩埵は、大日如来と修行者を結ぶ智慧の尊格として重要な役割をもって登場したのです。

忿怒の像

蓮華部院と同様に、この金剛手院にも忿怒の形相をした像が描かれています。忿怒月黶《ふんぬがってん》菩薩がそれです。この菩薩は如何なる障害も鎮《しず》める尊とされ、降三世明王《ごうざんぜみょうおう》（二〇六頁）と同じ性格を持つといわれます。すなわち、あらゆる煩悩を断尽する断徳を有しています。尊名の月は清浄な心を意味し、黶はもともとは「ほくろ」を意味する言葉です。ここでは額に描かれる尊像の第三の眼を指しています。月黶尊の第三の眼は障害を与えるものを畏怖させるもので、いかなる敵をも近づけない呪力を意味しています。四本の手のうち、前

金剛薩埵

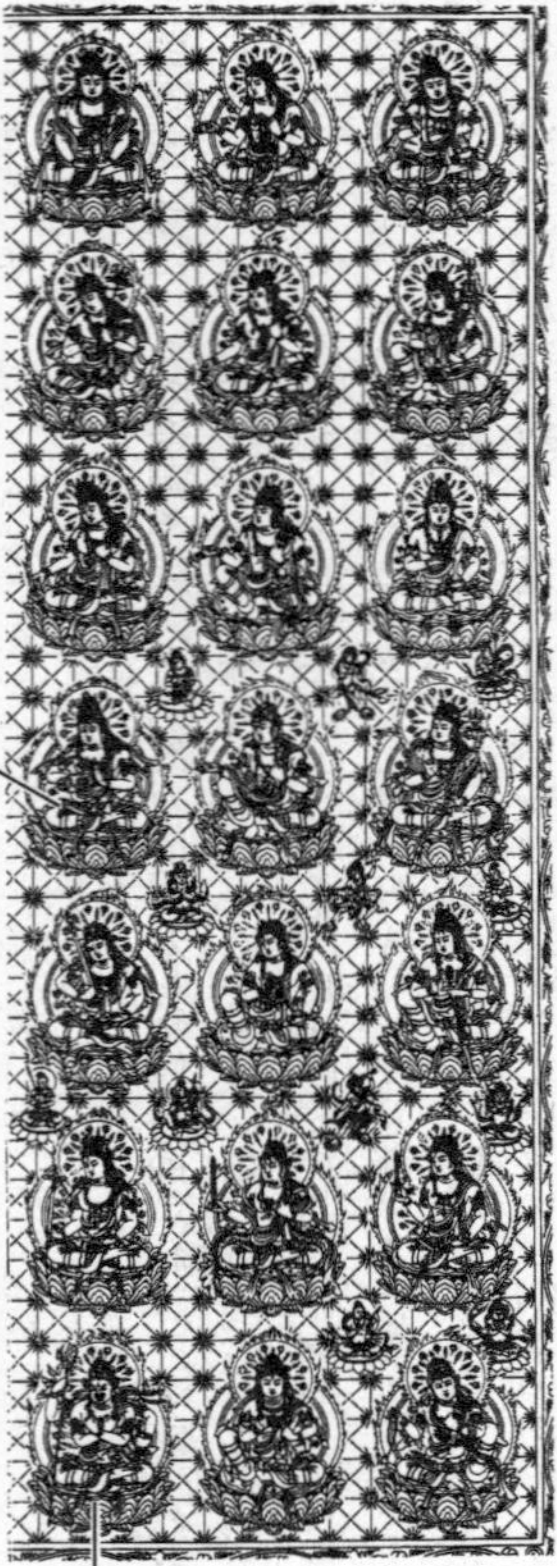

忿怒月黶菩薩

の二手で忿怒の姿勢を表し、うしろの二手に持つ武器で仏法の障害となるものを摧破せんとする揺るぎない気持ちを表しています。馬頭観音菩薩と相対する位置に描かれていることがおもしろいと思います。

現図曼荼羅を見ますと、金剛手院は使者を除いた正尊の数が二十一尊と、蓮華部院と全く同じ数となっています。もちろんこれは『大日経』の「具縁品」や「秘密曼荼羅品」の記述と大きく相違しています。蓮華部院では具縁品と秘密曼荼羅品とがほとんど変わらなかったのに対し、この院ではかなりの違いが見られるのです。こうしたことに興味ある方のため、それぞれに記された尊名を次に挙げておきます。

具縁品……金剛蔵・忙莽鶏《もうもうけい》・大力金剛針・月黶尊・金剛商佉羅《しょうきやら》

秘密曼荼羅品……持金剛慧者・金剛部主・金剛鉤《こう》・虚空無垢・寂然金剛・大忿・無量虚空歩・金剛・迅利・金剛輪・名称・妙住・牙・住無戯論・妙金剛・大金剛

現図曼荼羅……金剛薩埵・発生金剛部・金剛鉤女・金剛手持金剛・持金剛鋒・金剛拳・忿怒月黶・虚空無垢持金剛・金剛牢持金剛・忿怒持金剛・虚空無辺超越・金剛鏁《さ》・金剛持・持金剛利・金剛輪持・金剛説・懌悦《ちやくえつ》持金剛・金剛牙・離戯論・持妙金剛・大輪金剛

以上によって、金剛手院の諸尊は「具縁品」ではなく、「秘密曼荼羅品」により近いことが理解できましょう。なお、この院の使者の数は十二尊ですが、高雄曼荼羅と御室版曼荼羅では一尊欠けており十一尊です。

持明院　じみょういん

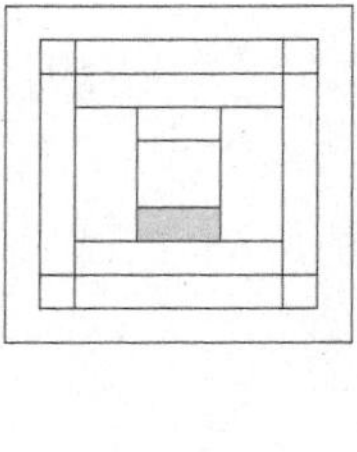

不動明王と降三世明王

持明院《じみょういん》は中台八葉院の真下、すなわち西側に位置します。現図曼荼羅ではここに五尊描かれているので「五大院《ごだいいん》」ともいわれます。

持明という名称は、『大日経疏』に「この第一重の上方は仏身の福徳荘厳なり。下方は仏の持明使者なり」とあることに由来します。持明とは明を持すること、明とはサンスクリットのヴィドゥヤー（vidyā）で「明らかにする」といった意味をもち、智慧を表します。その智慧が特別な言葉で示されたものが、真言や陀羅尼《だらに》です。それゆえ持明とは智慧を持つもの、すなわち真言を持つという理解がなされたのです。

使者とは大日如来の使いであり、現実世界での実践者の役割を持っていて、これを教《きょう》令輪身《りょうりんじん》といいます。輪身の輪とは輪状の武器のことで、輪宝のことです。この輪宝で煩悩を摧破し、敵を打ち破るのです。

輪身には三種あり、自性《じしょう》輪身・正法《しょうぼう》輪身・教令輪身といいます。自性輪身とは悟りを得

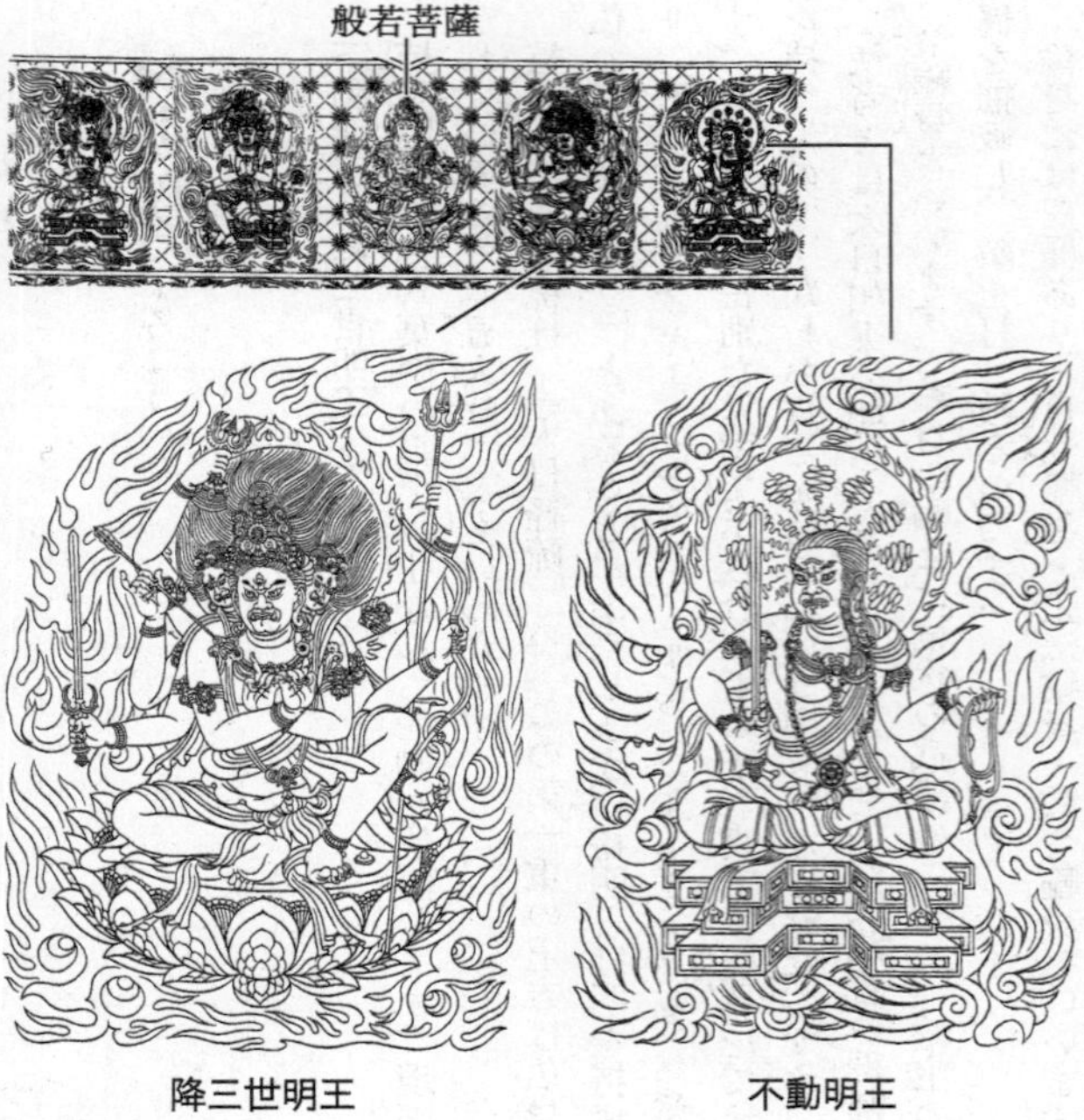
般若菩薩
降三世明王
不動明王

た仏のことで、曼荼羅では五仏を指します。正法輪身は仏の正法を説き衆生を導く菩薩を指します。そして教令輪身は、済度しがたい衆生を忿怒形をもって折伏《しゃくぶく》させるもので、明王がこれに相当します。持明院の諸尊でいえば、自性輪身は大日如来、正法輪身は大般若菩薩、教令輪身は不動明王です。

蓮華部院が慈悲を、金剛手院が智慧を示したのに対し、持明院ではこれらが実践的に展開するあり方が示されています。現図曼荼羅では不動明王・降三世明王・般若菩薩・大威徳明王・勝三世明王の五尊が描かれていますが、『大日経』の「具縁品」では不動明王・降三世明王の二尊しか説示されていません。さらに降三世明王が描かれる位置が、現図曼荼羅と「具縁品」では違っています。これは『大日経』の中で、降三世と勝三世の尊名が混乱して説示されているためです。ここでは現図曼荼羅の勝三世が具縁品の降三世にあたると理解できます。

不動明王と降三世明王は、『大日経』では曼荼羅壇が無事に完成することを願って阿闍《あじゃ》梨《り》が唱えるのがこの二尊の真言であるとされているように、この二尊は実践的な尊としての役割が大きいため、現世利益の尊としての信仰をあつめることになります。殊に不動明王は現在でも深い信仰がなされています。また降三世明王は、金剛界曼荼羅では不動明王以上に重要な尊となっています（二〇六頁参照）。

なお現図曼荼羅で付加された他の二尊は、金剛頂系の経軌の影響と考えられます。

般若菩薩

持明院でもう一尊注目したいのが般若菩薩《はんにゃ》です。般若菩薩とは、大日如来より流出した智徳・福徳を実践する尊です。般若とは般若波羅蜜の略称で、般若経では六波羅蜜《ろくはらみつ》の修行を成就したものが獲得できる最高の智慧を意味します。

般若菩薩の尊形は眼が三つあり、六本の手が描かれています。第三の眼は真実を見る般若の智眼で、六本の手は布施・持戒・忍辱《にんにく》・精進・禅定《ぜんじょう》・智慧の六波羅蜜の実践者たることを示しています。また身に着けている鎧は、積極的に衆生救済を実践する菩薩の勇猛な姿勢を示したものです。

なぜ忿怒の明王の中に慈悲の眼差《まなざ》しをもった般若菩薩が描かれるのでしょうか。

実はこの般若菩薩が坐している場所は、『大日経』では白檀曼荼羅について説いていますが、そこでは、阿闍梨が曼荼羅を観想する場と説かれています。それゆえ本来ならばその場は空白にすべきなのですが、図絵として表現するためには何か描く必要があります。しかしその場に坐すべきものは、内容的にも実践者としてもすぐれた修行者でなくてはなりません。『大日経』ではそこに坐すべき阿闍梨には「利他の誓願をもち、菩提心堅固のもの。慈悲と智慧を具したもの。波羅蜜行を成就したもの。世間の種々な伎芸を具えたもの」等々の様々な条件が提示されています。

こうした理由から、智慧の眼を持ち、六波羅蜜行を成就した大乗菩薩の象徴として般若菩薩を描いたのであろうと思います。

般若菩薩

釈迦院

しゃかいん

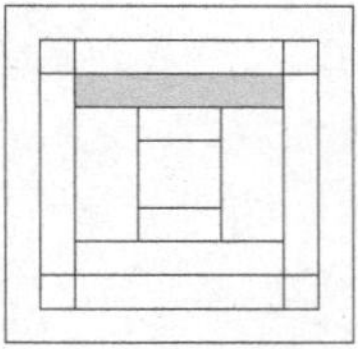

釈尊と大日如来

釈迦《しゃか》院《いん》は現図曼荼羅では遍知院の真上、すなわち東方に位置します。現図曼荼羅では、ここより第二重となります。釈迦院は『大日経』の具縁品では天部（最外院）と同じ院に描かれており、加えて『大日経疏』の曼荼羅では最外院に配し、また現図曼荼羅では天部を釈迦院より独立させて最外院としています。このように釈迦院は、その解釈をめぐって様々な展開が見られます。

密教では古くより、「大日如来と釈尊は、同じなのか異なるものなのか」という、いわゆる「大釈同異説」があり、あれこれと議論がなされてきました。こういった問題が起こる一つの原因が、この曼荼羅にもあるわけです。それは大日如来の他に、現実に存在した釈尊が描かれているからであり、大日如来と釈尊が同じ曼荼羅にあることから、その関係が取りざたされるのです。

しかし釈尊を離れた仏教は存在しないし、釈尊を無視した密教もまた存在しません。密教では釈尊の存在を根底に据え、新たな仏陀観をもちました。すなわち仏陀を全宇宙の存在を司るものとし、これを人格的に捉えて大日如来としました。そして歴史上の釈尊を、大日如来の変化身として位置づけたのです。その関係を胎蔵曼荼羅で見れば、大日如来・天鼓雷音・釈迦如来（釈迦院の主尊）と三種に区分し、次に示すようにそれぞれに異なった働きをもたせました。

中央の大日如来……悟りそのもの（法界体性智）を示す。
天鼓雷音如来……悟りの智慧の一展開（成所作智）を示す。
釈迦院の釈迦如来……悟りの具体的な教化・救済活動の実践者を示す。

釈迦院の尊者

さて、現図曼荼羅の釈迦院には、三十九尊もの尊者が描かれています。これを大別すれば、①釈尊と四侍尊、②仏頂尊《ぶっちょうそん》、③仏徳を示す諸尊、④声聞《しょうもん》・縁覚《えんがく》、との四種に分けて見ることができます。

①は、釈尊とその前方の左右にいる無能勝《むのうしょう》明王と無能勝妃、背後の観自在菩薩と虚空蔵菩薩によって構成されています。無能勝明王と無能勝妃の二尊は釈尊が四魔を打ち破った降伏《ごうぶく》の徳を表します。これは釈尊が降魔印をなしたとき地神が湧出し、釈尊の偉大さを魔

阿難
優波離
虚空蔵菩薩
観自在菩薩
釈迦如来
無能勝明王
無能勝妃

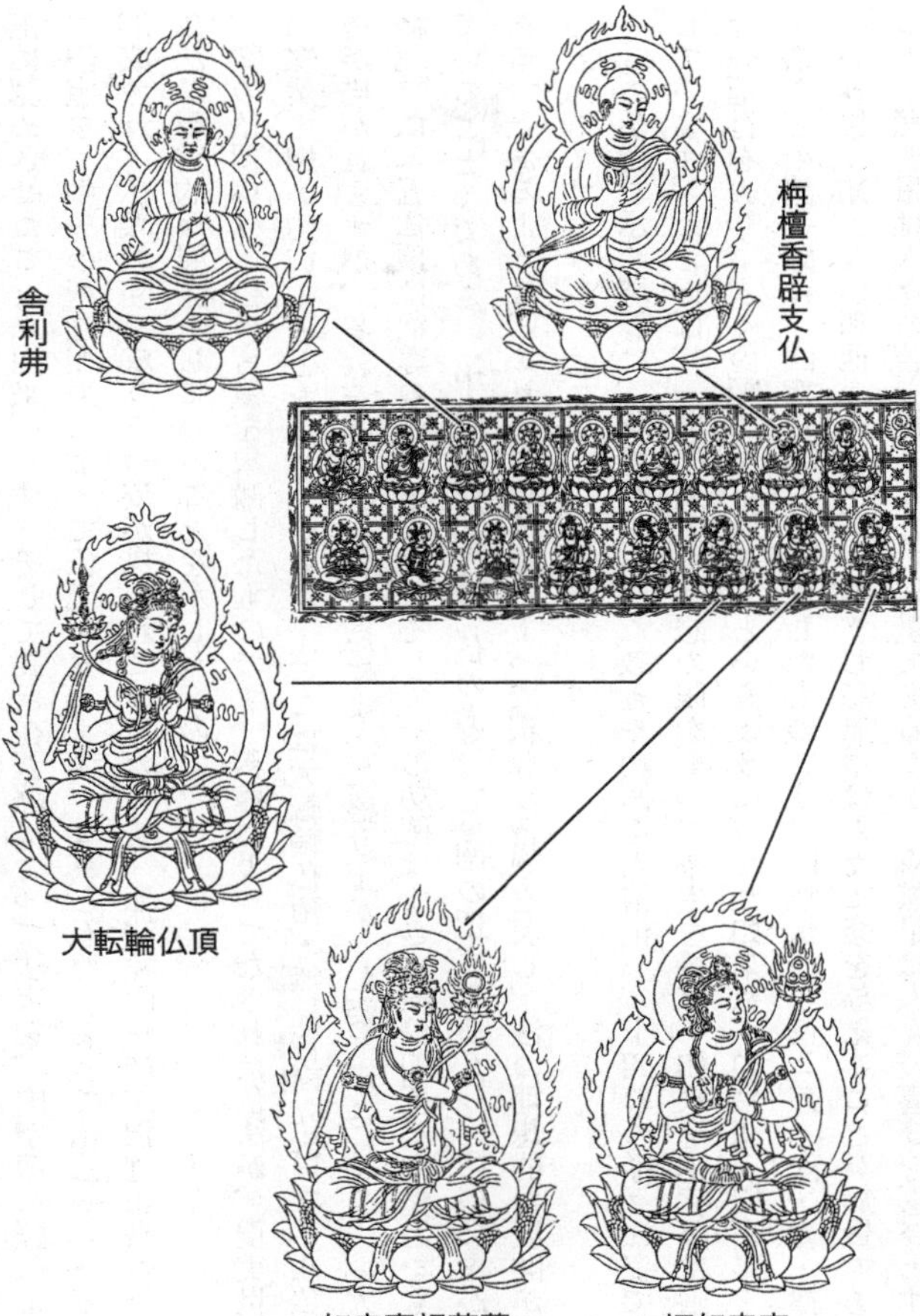

舎利弗
栴檀香辟支仏
大転輪仏頂
如来毫相菩薩
一切如来宝

王に認めさせたことに由来します。そして観自在菩薩によって法宝を、虚空蔵菩薩によって僧宝を、中央の釈迦如来によって仏宝を表します。これら五尊によって仏法僧の三宝が形成され、仏教教団が成り立つ姿が描かれているのです。転法輪印を結ぶ釈迦如来の姿は、仏法が現実的な展開をしていることを示したものです。

②の仏頂尊は、仏の智慧を象徴したものです。釈尊によってなされた仏法が、現実世界に燦然と輝いていることを示しています。ここに大転輪《だいてんりん》仏頂・無量音声《むりょうおんじょう》仏頂など八仏頂尊が描かれますが、それぞれの頭頂が智慧によって盛り上がった姿で示されます。『大日経疏』に「五仏頂は釈尊の五智を表す。そしてその功徳はまさに転輪聖王が大勢力をもっているごとくである。（中略）三仏頂は、仏のあらゆる徳の頂点であり、一切の願をかなえる」とあるように、これら八仏頂尊によって釈尊の智徳を表し、法の理想的な展開が示されるのです。

③の仏徳を示す諸尊は、釈尊が説かれた教えや功徳を人格化し、十四尊の様々な姿で表しています。たとえば、一切如来宝《いっさいにょらいほう》は慈悲の眼をもって衆生を導き、如来毫相《ごうそう》菩薩は限りない福行を表して人々の願いをかなえるというように。また如来慈・如来悲・如来喜・如来捨などの諸菩薩は、四無量心を尊格化したものです。四無量心とは「慈《じ》・悲《ひ》・喜《き》・捨《しゃ》」という量り知れない利他の心です。このうち慈無量は人々に楽を与えることが無量であること。悲無量は人々の苦を抜くことが無量であること。喜無量は人々の喜びを喜びとする

ことが無量なこと。捨無量は一切の差別を捨て人々を平等に利益すること。これら如来が持つ四無量心の限りない功徳が展開することを、菩薩の姿で示したものです。

④の声聞・縁覚は、歴史上の釈尊の直弟子である舎利弗・須菩提《しゅぼだい》・目連・優波離《うぱり》・阿難《あなん》などや、独覚《どっかく》の栴檀香辟支仏《せんだんこうびゃくしぶつ》・多摩羅香《たまらこう》辟支仏など十二尊を描くことで、法が現実に展開したことを示しています。これらの尊者は、すべて頭を丸めた僧形で示されており、菩提を求め修行することの大切さを表しているのです。

このように釈迦院では、悟りが現実に働いていることを表しており、それが大日如来の働きの一つであることを示す重要な部分といえましょう。善無畏三蔵は『大日経疏』において具縁品の曼荼羅を解釈するとき、「釈迦牟尼の眷属をもって第三院とすべし」として釈迦院を第三重に配しましたが、その意図は釈尊の四十五年間の利他行こそ法の現実世界への広がりと見たからでしょう。

なお、釈迦院の尊の配列が具縁品の記述と現図曼荼羅では相違するところがありますが、観蔵院曼荼羅では具縁品の記述に従って訂正しました。

文殊院《もんじゅいん》

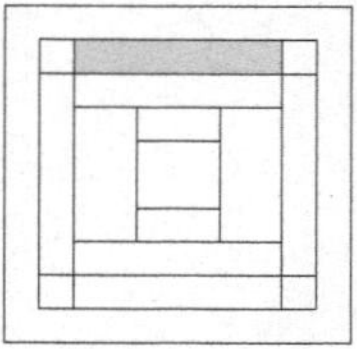

文殊菩薩と奉教者たち

文殊院《もんじゅいん》は釈迦院の東方、すなわち上方に位置します。現図曼荼羅では、中央の門の中に五尊、門外の左右に各十尊、合計二十五尊が描かれています。『大日経』具縁品では、文殊菩薩を中心に光網童子《こうもうどうじ》・髻設尼《けいしに》・優婆《うば》髻設尼・質怛羅《しったら》・地慧《じえ》・召請《ちょうしょう》、それに五人の奉教《ぶぎょう》者《しゃ》が描かれているだけで、尊数が現図曼荼羅とかなり相違しています。

この院の主尊の文殊菩薩は、左手に金剛杵をのせた細葉の青蓮華を持ち、右手は「与願《よがん》の印《いん》」を結んでいます。文殊菩薩は、妙吉祥《みょうきつしょう》菩薩あるいは妙徳菩薩などと漢訳されます。サンスクリット語ではマンジュシュリー・クマーラブータといいますが、このうちマンジュシュリーは文殊と翻訳され、クマーラブータという語は法王子・童子・童真などと訳されます。頭には五髻冠《ごけいかん》をいただき、童子形をしている姿は、中台八葉院の文殊菩薩とその働きを区別するためです。クマーラとは少年の意味ですから、将来は王の位を約束されているものの現在は修行中という性格づけがなされているのです。

観自在菩薩
普賢菩薩
文殊菩薩

文殊院における文殊菩薩について『大日経疏』は、「文殊師利は、身は鬱金色《うつこんじき》にして、頂に五髻あり。童子の形につくれ。左手に細葉の青蓮華を持ち、華の上に金剛の印あり」といい、「鬱金は閻浮金《えんぶこん》の色で、これで金剛の深意を表す。五髻は如来の五智を表す。しかし童子形をしているのは、この五智を衆生に与えんとすることを表す。青蓮華は煩悩に染まっていないことを表す」と解釈しています。

閻浮金は数ある金のうちで最も高価なものとされている金で、閻浮樹という大森林に流れる河底にある砂金をいい、それは赤黄色で紫色がかっているというものです。青蓮華は煩悩に汚れていない清浄な心を示し、金剛杵はすぐれた智慧を持っていることを示しています。また文殊菩薩が童子形で五智を表す五つの髻で示され、宝冠をかぶっていないのは、文殊菩薩が大日如来の悟りを求め修行中の身であるが、法王子として将来の悟りが約束されていることと、現実の場で衆生と共に歩む姿勢を表しているからです。文殊菩薩が白蓮華に坐すのは、内容的に中台八葉院の文殊菩薩と少しも変わらないことを示しています。

文殊菩薩の後方の観自在菩薩は、妙観察智をもって文殊の智慧を示します。普賢菩薩は文殊菩薩の方便と慈悲の徳を表します。そして門外の北側の男性の随伴者は文殊菩薩の智慧が光輝くさまを示し、反対側の女性の随伴者は人々を救う文殊菩薩の様々な智慧のありようを示しています。これらによって明らかなように、文殊院は釈迦院での現実での働きが、より一そう明確に実践的に展開することを示しているといえましょう。

地蔵院

じぞういん

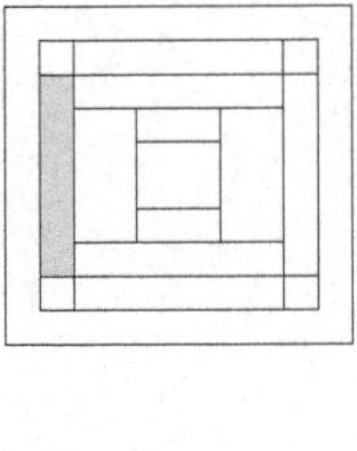

大地の如き蔵

地蔵院《じぞういん》は蓮華部院の北方、すなわち向かって左側に位置します。現図曼荼羅では地蔵菩薩を主尊とし、九尊描かれています。『大日経』具縁品では「宝印手・宝手・地蔵・宝処・持地・堅固意の六尊を描け」とありますが、現図曼荼羅では、これに除一切憂冥《じょいっさいうみょう》・不《ふ》空見《くうけん》・除蓋障の三尊が加えられています。このうち除一切憂冥と不空見は、金剛界曼荼羅の賢劫《げんごう》十六尊（一七八－一七九頁参照）のうちの二尊と同じであることから、ここより流入したものと考えられます。除蓋障菩薩は除蓋障院の主尊であるため、観蔵院曼荼羅ではここに日光菩薩を配しました。また九尊とした理由は、反対側に位置する「除蓋障院」が具縁品でも九尊描く旨が記されていることから、左右対称になるようにするためと思われます。

　地蔵院は蓮華部院と同様、大悲による救いを表しますが、蓮華部院の大悲がより一そう展開していることを示しています。地蔵とは、その名のように「大地の如き蔵」といった

地蔵菩薩

意味をもちます。ここでいう大地には次の三つの意味が込められています。

①一切のものの基盤であり、無壊・堅固なもの。

②豊かで、あらゆる生命を育む力をもつもの。

③金銀などの宝石や鉱石など、すばらしい宝を含有しているもの。

さて、この院の主尊である地蔵菩薩は、右手に如意《にょい》宝珠《ほうしゅ》を、左手には宝珠幢《とう》を持っていますが、これらは無量の功徳の象徴であります。地蔵院に描かれる地蔵菩薩は、すべて有髪です。私たちが普段見る地蔵菩薩は、手に錫杖《しゃくじょう》を持ち頭を丸めた比丘像です。大地は私たちの基盤であり一番身近であることから様々に信仰され、尊敬の念が深まり、形もこのような変化をしたのです。

観音菩薩と地蔵菩薩は、同じように様々に姿を変え人々を救う菩薩として信仰されています。ただあえてその違いを挙げれば、地蔵菩薩は六道の中でも「地獄・餓鬼・畜生」の世界に眼が向けられることが多く、殊に地獄へ堕ちた衆生の救済者としての役割は、何といっても地蔵菩薩がその最たるものです。それで閻魔《えんま》大王は地蔵菩薩の変身だという信仰も生まれたのです。

除蓋障院《じょがいしょういん》

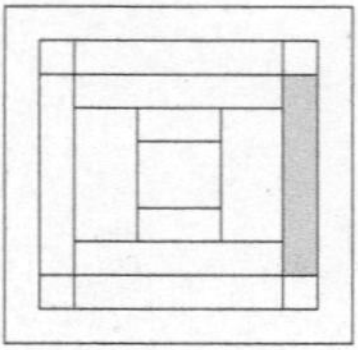

煩悩という心のふた

除蓋障院《じょがいしょういん》は金剛手院の南側、すなわち向かって右側に描かれます。ここには地蔵院と同じ数の九尊の菩薩が描かれています。現図曼荼羅も『大日経』具縁品も同様に九尊です。しかし次に示すように、尊名には大きな相違があります。

具縁品……救意慧《くいえ》菩薩・除一切悪趣・施一切無畏・除疑怪《じょぎけ》・除一切蓋障・悲念具慧者・慈起大衆生・除一切熱悩・不可思議慧

現図曼荼羅……悲愍《ひみん》・破悪趣《はあくしゅ》・施無畏《せむい》・賢護・不思議慧・慈発生《じほつしょう》・悲愍慧・折諸熱悩《せっしょねつのう》・日光

まず一番大きな点は、現存している現図曼荼羅の除蓋障院に主尊である除蓋障菩薩が描かれていないことです。具縁品では「次に第二重に大日如来の左方に除蓋障菩薩を描け。

（中略）この菩薩と諸眷属は大慈悲の抜苦除障の門なり」として、この院の主尊として除蓋障菩薩を描く旨が記されています。しかし実際の現図曼荼羅を見ると、いなくてはならない除蓋障菩薩が描かれていないことに気がつきます。この問題は古くから問題とされながらも、これまで改められることがありませんでした。しかし経典には除蓋障菩薩を描く

除蓋障菩薩

旨の記述があり、また教理的に考えてもこの院に主尊が不在であることは不自然だと考え、観蔵院曼荼羅では、

悲愍・破悪趣・施無畏・賢護・除蓋障・悲愍慧・慈発生・折諸熱悩・不思議慧

としました。

『大日経疏』によれば、この院の諸尊は慈悲にもとづき衆生の「抜苦除障」を誓願とし、如意宝珠をもって衆生に無畏を施して願いをかなえるもの、としています。また『大日経』には、除蓋障菩薩について「左手に宝珠を載せた蓮華を持ち、右手は施無畏の印をなす」とあり、悪を畏れない毅然たる態度を見ることができます。

このように除蓋障院は、金剛手院で示された智慧が具体的に展開することを表しています。蓋とは「ふた」のことです。煩悩というふたが人々の心を覆っているので、すべてを明確に判断できず迷いが生じます。そこで具体的にその蓋を除こうというのがこの院の誓願です。

心を覆う五種の煩悩を「五蓋《ごがい》」といいます。五蓋とは、①貪欲蓋《とんよくがい》（むさぼりの心）、②瞋恚蓋《しんにがい》（怒り憎しみの心）、③昏沈睡眠蓋《こんじんずいめんがい》（眠りこんだように思考が無知蒙昧な心）、④掉挙悪作蓋《じょうそあくさがい》（落ち着かない心）、⑤疑蓋《ぎがい》（疑う心）です。

虚空蔵院　こくうぞういん

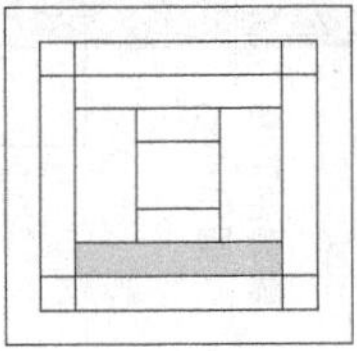

虚空のごとき救い

虚空蔵院《こくうぞういん》は持明院の西側、すなわち真下に位置します。虚空蔵院は、大日如来の救いが虚空のように広大で限りなく、また一切の障害もなく現実世界の人々に降り注がれていることを示したものです。

この院の主尊は中央の虚空蔵菩薩です。『大日経』具縁品などでは、虚空無垢《むく》菩薩・虚空慧菩薩・清浄慧菩薩・行慧《ぎょうえ》菩薩・安慧《あんえ》菩薩を描く旨が記されていますが、現図曼荼羅では、この院の中央に虚空蔵菩薩を置き、左右の端に大きく千手千眼《せんじゅせんげん》観自在菩薩と一百八臂金剛蔵王菩薩を配しています。そして、檀・戒・忍辱・精進・禅定・般若・方便・願・力・智の十波羅蜜菩薩、それに他の菩薩九尊と飛天四尊、眷属二尊が描かれています。このように『大日経』ではわずか五尊であったものが、現図曼荼羅では二十六尊というように、かなりの増幅が見られます。そのためか尊名もかなりまちまちとなっています。

ちなみに具縁品に説かれる諸尊と、これに相応する現図曼荼羅の尊とを対照すれば次の

虚空蔵菩薩
千手千眼観自在菩薩
蘇悉地院
一百八臂金剛蔵王菩薩

ようになります。

【具縁品】	【現図曼荼羅】
虚空慧菩薩	共発意《ぐうほつい》転輪菩薩
清浄慧菩薩	生念処《しょうねんじょ》菩薩
行慧菩薩	不空鉤観自在菩薩
虚空無垢菩薩	無《む》垢《く》逝《せい》菩薩
安慧菩薩	蘇婆呼《そばこ》菩薩

虚空蔵院の主尊である虚空蔵菩薩は、右手には剣をとり、左手は宝珠を載せた蓮華を持っています。剣は智徳であり、宝珠は福徳を表しています。虚空の名のごとく広大な智徳と福徳を蔵している菩薩が、限りなく衆生に虚空のように無量の功徳を施すのです。

千手千眼観自在菩薩と一百八臂金剛蔵王菩薩

虚空蔵菩薩に向かって左側に大きく描かれているのが「千手千眼自在菩薩」であり、「千手観音」と通称されています。

千手観音は顔が二十七あり、このうち二十五の顔は二十五有《う》の衆生を見て済度する姿です。残りの二面のうち一つは本来の千手観音の顔であり、もう一つは頭頂に戴いた阿弥陀如来の顔です。

二十五有とは、輪廻転生する迷いの世界を二十五に区分して見たもので、欲界に十四有、色界に七有、無色界に四有あります。欲界十四有とは、地獄・餓鬼・畜生・修羅に四大州(須弥《しゅみ》山《せん》の周りの海に浮かぶ四つの大陸)と六欲天(六有)です。色界七有とは、梵天(一有)・無想天(一有・広果天のこと)・四禅天(四有)・五浄居天《じょうごてん》(一有)です。無色界四有は四空処天です。(一三四頁参照)

千手千眼菩薩の背後には無数の手が描かれ、身体からはこれを代表して四十二本の手が表されています。そのうち二本は合掌し、次の二手で阿弥陀の定印《じょういん》を結び、それ以外の手は様々な三昧《さんま》耶形《やぎょう》をとっています。

これによって千手千眼は阿弥陀如来の化身として、慈悲をもってあらゆる人々を救い取る誓願を示しているのです。

虚空蔵菩薩に向かって右側に描かれるのが「一百八臂金剛蔵王菩薩《いちぴゃくはっぴこんごうぞうおう》」です。千手千眼観自在菩薩が蓮華部の果徳を表すのに対し、この尊は金剛手院の智慧の果徳を表しています。一百八臂は百八煩悩を退治する智慧の働きであり、障害を加えるあらゆる者を摧破する誓願を表しています。左の一手に賢瓶《けんびょう》を持っているのは、その中に万法が含蔵されていること

千手千眼観自在菩薩

とを示したものです。現図曼荼羅の一百八臂金剛蔵王菩薩の顔は十六面ですが、それは金剛界十六大菩薩（一六六頁参照）の智徳を表しているとされます。

また十波羅蜜菩薩は、六波羅蜜にさらに方便・願・力・智の四波羅蜜を加えたもので、現実世界での菩薩の功徳行の実践が行きわたる姿を示しているのです。

一百八臂金剛蔵王菩薩

蘇悉地院《そしつじいん》

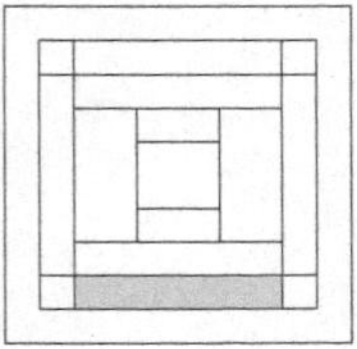

素晴らしい成就

蘇悉地院《そしつじいん》は虚空蔵院の西側、すなわち真下に位置します。蘇悉地とは、サンスクリットのスシッディ（su-siddhi）の音写語で「素晴らしい成就」といった意味で、妙成就と漢訳されます。ここに描かれた尊は、全部で八尊です。しかし蘇悉地院の名は、『大日経』には説示されていません。なぜなら蘇悉地院は、本来は虚空蔵院に含まれるものであり、内容的にも虚空蔵院に準じて理解されるべきだからです。

なぜ蘇悉地院が独立して描かれたのかは、おそらく文殊院に対応してなされた処置であろうといわれています。現図曼荼羅はシンメトリーに構成されているので、釈迦院・文殊院と対称になるように配慮されたもの、と考えられます。

蘇悉地院を虚空蔵院と別だてする理解は、『秘蔵記』に求められます。しかし独立したからといっても、基本はあくまでも虚空蔵院です。それゆえ他の院には必ず主尊がいるにもかかわらず、蘇悉地院だけには存在しません。

ちなみにここに描かれた諸尊を列挙すれば、①不空供養宝菩薩、②孔雀王母《くじやくおうも》、③一髻羅《いちけいら》刹《せつ》、④十一面観自在菩薩、⑤不空金剛菩薩、⑥金剛軍荼《ぐんだ》利《り》、⑦金剛将菩薩、⑧金剛明王、という八尊です。

そしてこれら諸尊の理解も、向かって左側の①不空供養宝菩薩から④十一面観自在菩薩までが蓮華部に属し、反対側の⑤不空金剛菩薩から⑧金剛明王までが金剛部に属すると理解すべきでしょう。

最外院　さいげいん

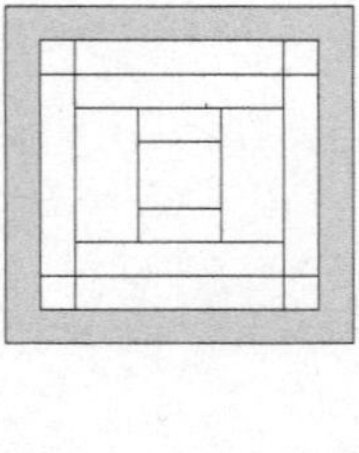

三界

最外院《さいげいん》は「外金剛部院《げこんごうぶいん》」とも称されます。外金剛部院とは「金剛界畔《こんごうかいはん》によって仕切られた外」の意味です。しかし胎蔵曼荼羅には金剛界畔は描かれていないので、ここでは最外院の名称を用います。

この院には様々な神々がひしめき合って描かれており、その数は現図曼荼羅を例にとれば二〇三尊にも及んでいます。これまで見てきた二重までの尊数の合計が一九六尊ですから、驚くほどの量です。また最外院に描かれる尊の数は、現図曼荼羅は『大日経』具縁品に比較して圧倒的に多いのです。

ちなみに『大日経』具縁品では、次の神々を描くよう指示しています。

東方……帝釈天・日天・大梵天・五浄居天

南方……羅刹王・火仙・閻魔王・七母・黒夜・死后

西方……地神・弁財・毘紐《びちゅう》・塞建那《そくけんな》・風神・商羯羅《しゃきやら》・月天・難陀龍王《なんだりゅうおう》・縛魯拏《ばろだ》龍王・抜難陀龍王

このように数も少なく、さらには北方には何も描かれません。ただし『大日経疏』には、北方に毘沙門天を置き、その左右に八大夜叉を描く旨が記されています。これに対し現図曼荼羅では、八部衆・十二天・天文天をはじめとする、ありとあらゆる神々が描かれるのです。

現図曼荼羅に描かれる尊像のほとんどは、ヒンドゥー教をはじめとする様々な外教の神々です。現実的にたくさんの人々が信仰し関係するのは、多くはこれらの神々です。たとえば釈尊が拝火教の三迦葉を帰依させた話も、仏教がおかれている立場を明確に語るものです。最外院は現実の人々を対象とし、彼らが信仰する神々を仏教の教えで包み込むことで、現実に存在する人々に仏教をアピールしたのです。

最外院の構造は、『倶舎論』器世間品の「須弥山世界観」が基調となっています。当時のインド人は、現実世界を須弥山を中心として成り立っていると考えました。そしてこの世界を「三界《さんがい》」と呼び、あらゆる存在をここに配したのです。

次頁図のように三界とは欲界・色界・無色界から成り立っています。このうち「欲界」とは欲望の世界のことであり、空間的に捉えられています。たとえば私たち人間はもとよ

無色界	四無色定	非想非非想処	空居天
		無所有処	
		識無辺処	
		空無辺処	
色界	第四禅	無熱天　善現天　善見天　色究竟天 無雲天　福生天　広果天　無煩天	
	第三禅	少浄天　無量浄天　遍浄天	
	第二禅	少光天　無量光天　極光浄天	
	初　禅	梵衆天　梵輔天　大梵天	
欲界	六欲天	他化自在天	
		楽変化天	
		覩史多天	
		夜摩天	
		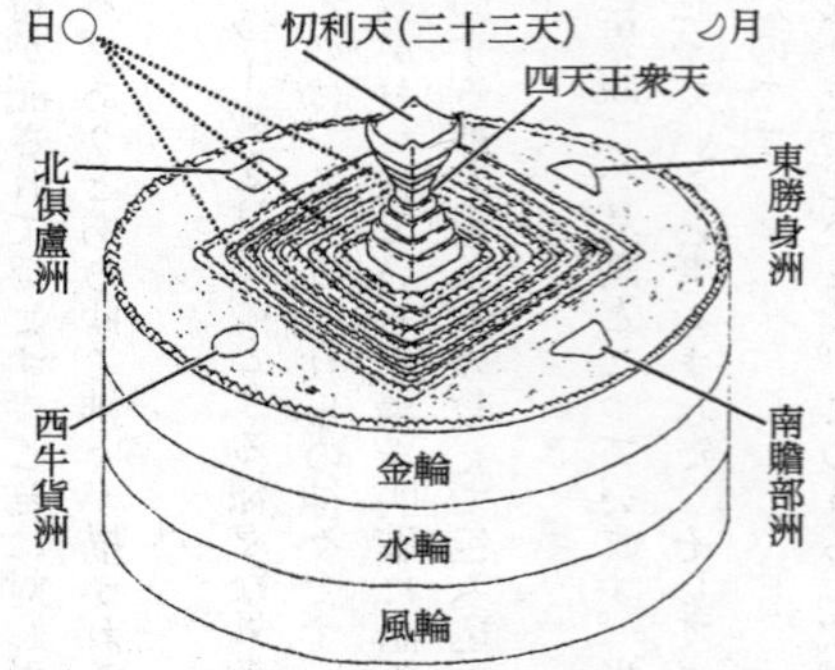	地居天
	人界		地上
	地獄界		地下

三界の図

り、天も四天王衆天《してんおうしゅてん》・三十三天のように地上に住む「地居天《じごてん》」や、夜摩天《やま》や他化自在天《たけじざいてん》のような空中に住む「空居天《くうごてん》」などがこれに相当します。また「色界」は淫欲と貪欲を離れた世界、「無色界」は高度な精神のみの世界、すなわち禅定の世界です。

三界に挙げられた全ての天が現図曼荼羅に描かれているわけではありませんが、実際に描かれている神々がどのように位置づけされているかを知ることも意味があるでしょう。

欲　界

「欲界」は地獄・餓鬼・畜生・修羅・人・天の六つの世界で構成され、ここに住むものは全て輪廻を繰り返す、迷いの存在です。天とても例外ではありません。この六界の中の地獄・餓鬼・畜生は「三悪趣《さんあくしゅ》」といわれ、悪業の結果おもむくところとされています。これに対して人・天は「善趣《ぜんしゅ》」といい、善業を行って生ずるところです。

三悪趣のはじめに位置する「地獄界」は、現世に悪業のかぎりをつくしたものが行き着く場所とされ、苦しみの世界です。私たちは切羽詰まったときの状態を「奈落《ならく》の底に堕ちる」などといいますが、この奈落とはサンスクリットのナラカ（naraka）のことで、地獄はこの言葉を漢訳したものです。

さて、地獄界は八つに区分されていることから「八熱地獄」あるいは「八大地獄」ともいいます。この八つの地獄を上から順番に挙げますと、①等活《とうかつ》、②黒縄《こくじょう》、③衆合《しゅうごう》、④号叫《ごうきょう》、

⑤大叫《だいきょう》、⑥炎熱《えんねつ》、⑦大熱《だいねつ》、⑧無間《むけん》で、殺生戒など重罪を犯したものが堕ちる世界です。等活地獄は獄卒によって鉄棒で打たれ体を刻まれ、死んでもすぐさま甦って何度も苦しみをうけるところ。黒縄地獄は熱鉄の縄で縛られ熱鉄の斧で切り刻まれるところ。衆合地獄は鉄山が罪人を圧しつぶし、鉄炎の嘴《くちばし》をもった鷲が腸をついばみ、刀のような葉で筋肉を裂かれるといったように多くの苦しみが一度に襲ってくるところ。号叫地獄はあまりの苦しみのため我慢ができず罪人が声をあげ泣き叫ぶところ。大叫地獄は号叫地獄にも増す苦しみのため更なる苦痛の声をあげるところ。炎熱地獄は間断なく火炎で焼かれる苦しみをうけるところ。最後の無間地獄は激しい苦しみが間断なくつづき一瞬たりとも楽が生じないところ、とされています。

「餓鬼《がき》界」は、飢餓に苦しむ世界で、福徳を積まないものが堕ちるところとされます。たまに食べ物があって食べようとしても、炎となって食べることができないといわれます。

「畜生《ちくしょう》界」は動物や鳥や魚の世界です。生前に悪業を積むとこの世界に生まれるといわれています。「修羅《しゅら》界」は、常に争いを繰り返し、互いに憎しみ殺し合うところとされています。迷いの世界ではありますが、悟りの場でもあります。

「人界《じんかい》」は人間界のことで、私たちの住んでいる場です。位置は四大洲の一つの南贍部洲《なんせんぶしゅう》にあります。ここは迷いの世界であると同時に、悟りを獲得できるところでもあります。

人界の上に「天界《てんかい》」があります。天界は六つに区分され、「六欲天」と通称されています。六欲天は下から①四天王衆天《してんおうしゅてん》、②忉利天《とうり》、③夜摩天、④覩史多天《としった》、⑤楽変化天《らくへんげ》、⑥他化自在天となっています。四天王衆天とは持国天《じこく》・増長天《ぞうちょう》・広目天《こうもく》・多聞天《たもん》のことです。彼らは須弥山の中腹に住み、帝釈天《たいしゃく》に仕え、仏法を守護しています。曼荼羅では、持国天は東方、増長天は南方、広目天は西方、多聞天（毘沙門天）は北方を守護する役割を担っています。忉利天は、須弥山の上にあります。ここは帝釈天を中心に、東西南北の四方に八人ずつの天が住んでいるので「三十三天」とも呼ばれています。帝釈天は曼荼羅では東方にいます。

ここまでが地居天といい、その上に位置するのが空居天となります。

空居天の天たちはそれぞれ五欲を満喫しているとされています。五欲とは五官による悦楽です。すなわち眼・耳・鼻・舌・身で、色（肉体）・声・香り・味・感触の対象に対する欲望をいいます。また非常に寿命が長く、夜摩天は二千歳、覩史多天は四千歳、楽変化天は八千歳、他化自在天は一万六千歳といわれています。覩史多天は兜率天《とそつ》とも音写しますが、このトゥシタとは「満足を知る」という意味です。すなわち五欲を満足することから、知足天とか喜足天と称されます。兜率天は弥勒の浄土として有名です。弥勒菩薩は曼荼羅では中台八葉院に登場しています。他化自在天の尊名の由来は「他の天が作り出した快楽を自分のものとして自在に享受する」という意味からとされていますが、密教では「仏法の楽しみを享受する」尊格とされており、最外院の北方に描かれています。

東門
帝釈天
持国天
南門
広目天
増長天と使者
西門

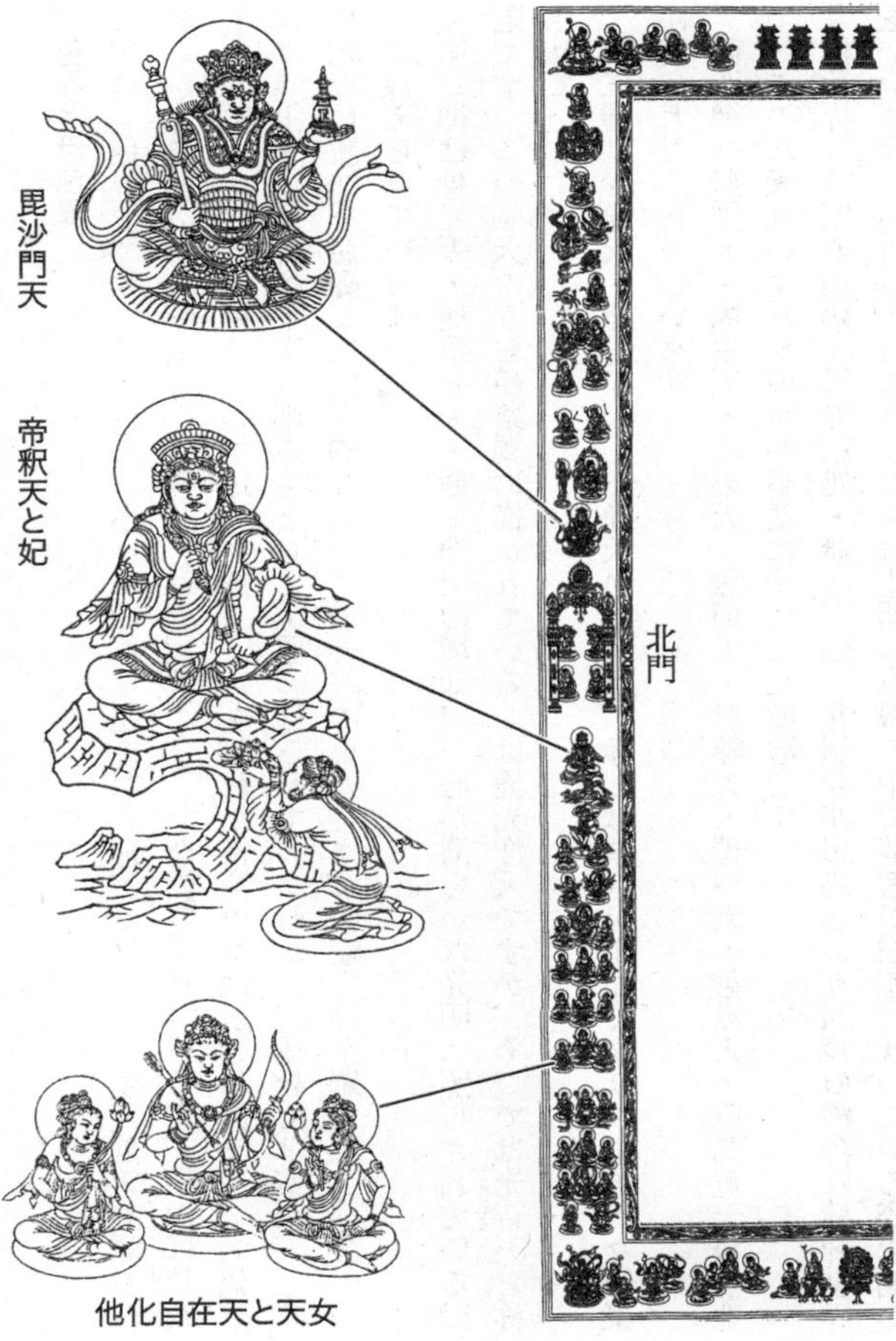
毘沙門天
帝釈天と妃
他化自在天と天女
北門

色界と無色界

次は「色界《しきかい》」です。ここからは迷いの欲界を超えた「禅定《ぜんじょう》の世界」です。欲望を離れた清らかな境地の世界であり、初禅から第四禅まで十七天が配されています。初禅は梵衆《ぼんしゅ》天《てん》・梵輔《ぼんほ》天《てん》・大梵天の三天の境地で、欲や不善を離れた喜楽の境地といわれます。大梵天はヴェーダ聖典では宇宙の創造主として位置づけられていましたが、仏教では帝釈天と共に釈尊に説法を懇願した代表的な天で、最外院の東方、また金剛界曼荼羅では二十天の一つに数えられています。

第二禅は少光天・無量光天・極光浄天の境地で、心が清らかな光明に照らされている段階です。この三天のうち曼荼羅に描かれているのは極光浄天ですが、そこでは光音天《こうおんてん》と称されています。

第三禅は少浄天・無量浄天・遍浄天の境地で、浄とは煩悩が少なくなり、精神的な快楽が得られたことをいいます。

第四禅は無雲天・福生天・広果天・無煩天・無熱天・善現天・善見天・色究竟天の境地で、この八天はいずれも禅定が高度にすすんだ境地です。

「無色界《むしきかい》」は空無辺処・識無辺処・無所有処・非想非非想処という四つの純粋な精神世界をいいます。最外院ではこれらの天は重層の宮殿の中で尊者が瞑想に耽っている姿で描か

識無辺処天
空無辺処天
大梵天
大光音天(上)と光音天(下)
および天女たち

れています。

八部衆

ここでインドの神々のうち現図曼荼羅に多く登場する八部衆を紹介しておきます。八部衆とは、天・龍《りゆう》・夜叉《やしゃ》・阿修羅《あしゅら》・乾闥婆《けんだつば》・緊那羅《きんなら》・迦楼羅《かるら》・摩睺羅迦《まごらか》をいいます。「天」については前項で触れました。

「龍」はインド各地で崇拝されていた蛇神信仰がもとで、のちに仏教に取り入れられたものです。『大日経』曼荼羅では難陀《なんだ》龍王と烏波《うば》難陀龍王が西門に配されていますが、現図曼荼羅では西門の他に南門・北門にも描かれています。これら二龍王は八大龍王に数えられています。

「夜叉」は敢食鬼《かんじきき》とも訳されるように、人食い鬼・暴悪な鬼神として恐れられた存在でしたが、仏教に帰依してからは毘沙門天の配下で北方を守護する役割を持つ尊となりました。現図曼荼羅では「薬叉持明《やくしゃじみょう》」の名で呼ばれ、最外院の南方に描かれています。

「阿修羅」は、はじめは善神であったといいます。しかし帝釈天と闘争したことから、後には「戦闘好きな下級な神」というレッテルをはられました。仏教では六道説では人界の下に入っていますが、五道説では阿修羅は省かれています。阿修羅はアスラのことで王を意味し、ゾロアスター教では神として崇められています。こちらの立場からすればインドの神であるデーヴァは、悪魔を指す言葉となります。

ヒンドゥー教の「乳海攪拌《にゅうかいかくはん》の物語」では、アスラとデーヴァの関係は次のように語られています。すなわち「アムリタという不死の薬を手に入れるため、アスラとデーヴァは協力して乳海を攪拌した。すると吉祥天や月など様々なものが現れてくる。そして最後に不老不死のアムリタが現れたとき、デーヴァはアスラを欺《あざむ》きアムリタを手に入れた」というのです。イランとインドとの宗教的な一面を見るうえで、非常に興味深いものがあります。阿修羅は仏教に帰依し、現図曼荼羅では南門を守る神に位置づけられています。

「乾闥婆」は、インド神話に登場する、神の飲み物ソーマ酒を守護する妖精です。食香などともいわれ、香を食べて家に潜むという俗信ができました。そのため子供に害をあたえる鬼神を縛るとして、子供の守護神となりました。仏教では帝釈天のそばにいて音楽を奏でる楽神となっています。胎蔵図像にはありますが、現図曼荼羅には残念ながら描かれていません。

「緊那羅」は、美声をもった楽神です。人とも人でないともいえないので「人非人」とも称されます。インドでは馬頭人身の姿で表されることもありますが、現図曼荼羅では天女像で描かれています。位置は北方の帝釈天のそばです。

「迦楼羅」は金翅鳥《こんじちょう》とも称されます。インド神話では、火や太陽の神格化したものです。龍を常食とし、鳥の王とされます。密教では梵天や帝釈天が衆生を救うため、この鳥とな

難陀龍王
烏波難陀龍王
薬叉持明と持明女
阿修羅とその眷属
迦楼羅

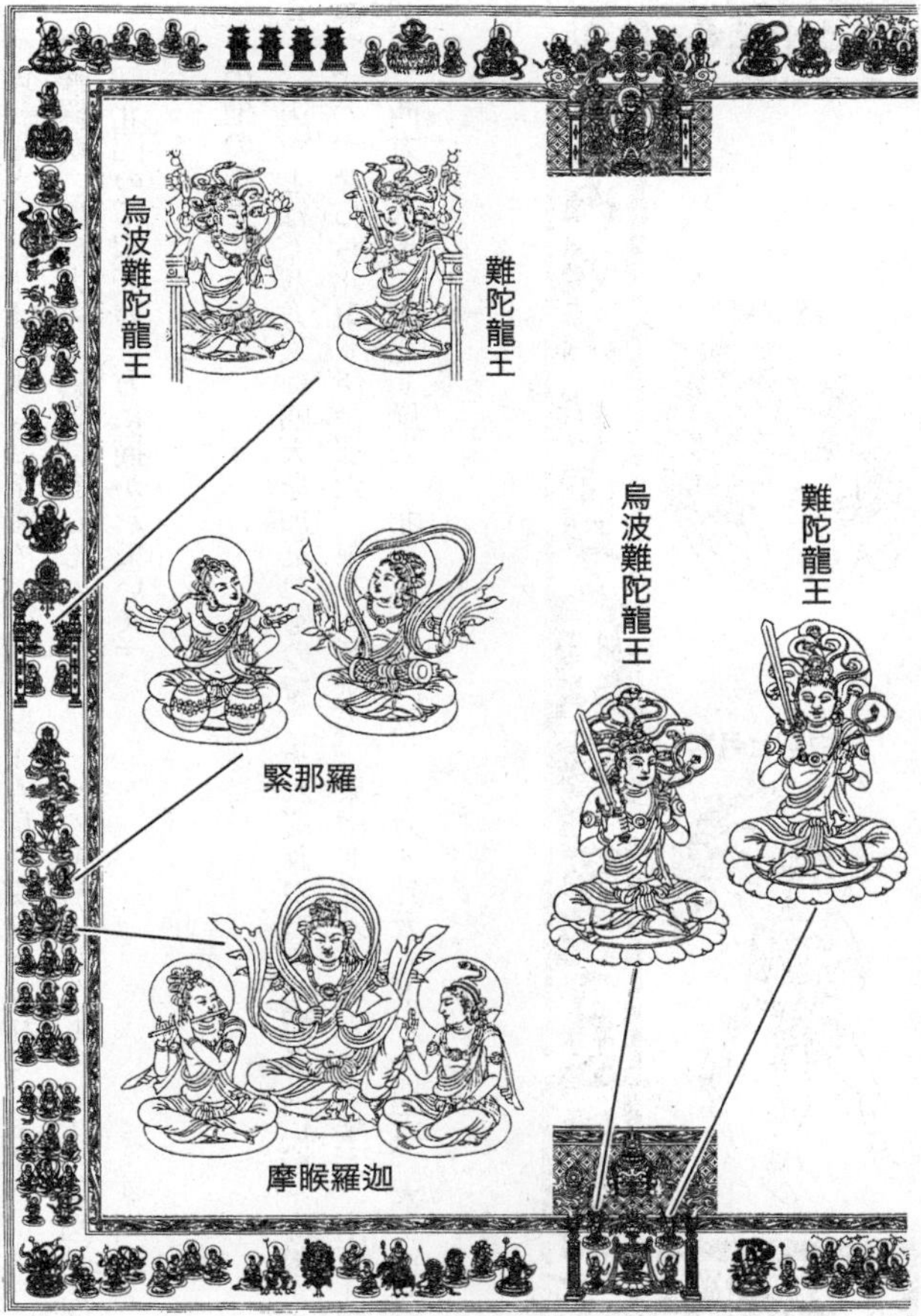

難陀龍王
烏波難陀龍王
緊那羅
摩睺羅迦
難陀龍王
烏波難陀龍王

って現れるといいます。現図曼荼羅では南方に鳥頭人身の姿で描かれています。

「摩睺羅迦」は、大きな胸腹で進むものの意味で、蛇の神格化したものです。現図曼荼羅では、北門の帝釈天の下方に描かれています。

その他の神々

「十二天」とは、八方天に四天を加えたもので、それぞれの方角に配され仏法を守護する尊です。すなわち北東＝伊舎那《いしゃな》天、東方＝帝釈天、東南＝火天、南方＝焔摩天、南西＝羅《ら》刹《せつ》天、西方＝水天、西北＝風天、北方＝毘沙門天、上方＝梵天、下方＝地天、天空東＝日

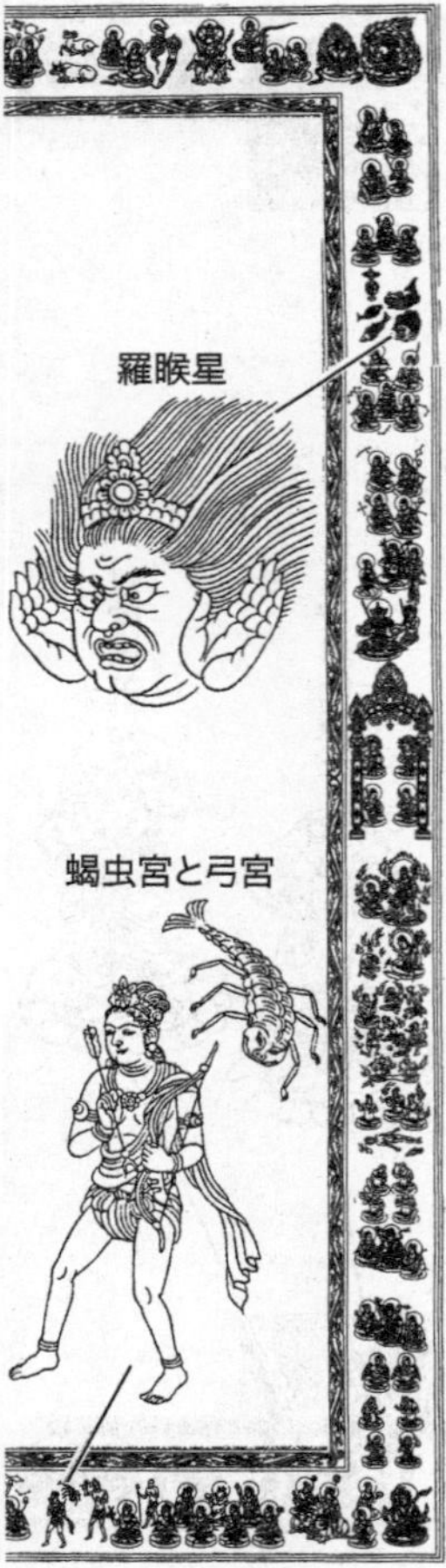

摩訶迦羅
毘那耶迦(歓喜天)

天、天空西＝月天、をいいます。しかし現図曼荼羅では立体的に描けないので、地天・日天は北東隅と東門の間、梵天は東門から東南にかけて、月天は西門から西北隅にかけて、それぞれ配されています。

密教ではこの十二天を描いた絵を屏風仕立てとし、たとえば灌頂《かんじょう》などの儀式のときに三昧耶戒場や嘆徳処《たんどくしょ》に掲げたり、得度式などにも用いるなど重視しています。

「天文神」とは、七曜・九曜・二十八宿・十二宮をいいます。

「七曜」とは、日・月・火・水・木・金・土で、九曜はこれに羅睺星《らごせい》・彗星《すいせい》を加えたものです。

羅睺星はラーフといい最外院南方の上方、すなわち向かって右の上方に首だけの姿で描かれています。この星は日食・月食を指しています。先ほどもちょっと出てきましたが、乳海攪拌をして不死の薬アムリタを巡って神とアスラが争っているとき、アムリタが神の手に入る前にラーフが一口なめてしまいました。それに気がついた日・月がヴィシュヌ神に告げ口をしたので、ヴィシュヌはすぐさまラーフの首をはねます。しかし不老不死の薬が口にあったので、首から上だけが生き残ったというのです。ラーフは告げ口をした日・月を恨み、日食や月食をおこすとのことです。

「二十八宿《しゅく》」は、新月から満月、そして満月から新月までの月の運行を二十八に区分したものです。現図曼荼羅では次のように東・南・西・北の四方へ配しています。

東方＝昴《ぼう》宿・畢《ひつ》宿・觜《し》宿・参《しん》宿・井《せい》宿・鬼宿・柳宿
南方＝星宿・張宿・翼宿・軫《しん》宿・角宿・亢《こう》宿・氐《てい》宿
西方＝房宿・心宿・尾宿・箕宿・斗宿・牛宿・女宿
北方＝虚宿・危宿・室宿・壁宿・奎《けい》宿・婁《ろう》宿・胃宿

「十二宮《くう》」は、太陽の一年間の運行を十二分し、これを十二の星座に相応させたものです。すなわち、師子《しし》宮《くう》・少女宮・秤《ひょう》宮・蝎虫《かつちゅう》宮・弓《きゅう》宮・摩竭《まかつ》宮・賢瓶《けんびょう》宮・双魚《そうぎょ》宮・牛密《ごみつ》宮・白《はく》羊《よう》宮・夫婦宮・蟹《かい》宮です。

このほか様々な神が描かれていますが、とても紹介しつくすことはできません。たとえば日本の大黒さまと関係が深い「摩訶迦羅《まかから》」なども興味深い尊です。摩訶迦羅はサンスクリットではマハーカーラといい、マハーは大、カーラは黒なので「大黒天」と呼ばれています。図を見ますと、三面六臂《ぴ》で忿怒形《ふんぬぎょう》をし、中央の面には眼が三つあります。頭上には蛇と髑髏を載せていて、前の両手で剣を握り、次の右手は人の髪をつかみ、左手は羊の角を執っています。そして次の両手で象の皮を持ち背中に羽織っています。この神は大自在天の化身で戦闘の神であり、財福の神でもあり、冥界の神の位置づけもあります。もとはシヴァ神の化身ともいわれ暴悪の神でしたが、密教では人の肝を食べる荼吉尼《だきに》天をいさめるため、大日如来が摩訶迦羅に変身したとされています。日本では大国主命《おおくにぬしのみこと》と大黒天が音が同じことから同一視され、七福神に見るように柔和な姿となっています。

このほか日本で信仰されている毘那耶迦《びなやか》（歓喜天・聖天《しょうでん》）をはじめ、最外院には様々なものが描かれています。最外院は六・七世紀のインドにおける仏教以外の、様々な宗教の世界や文化を読みとることもできる大事なところですから、胎蔵曼荼羅を鑑賞する際にはそうしたことにも目を向けたいものです。

第三章 金剛界曼荼羅の見方

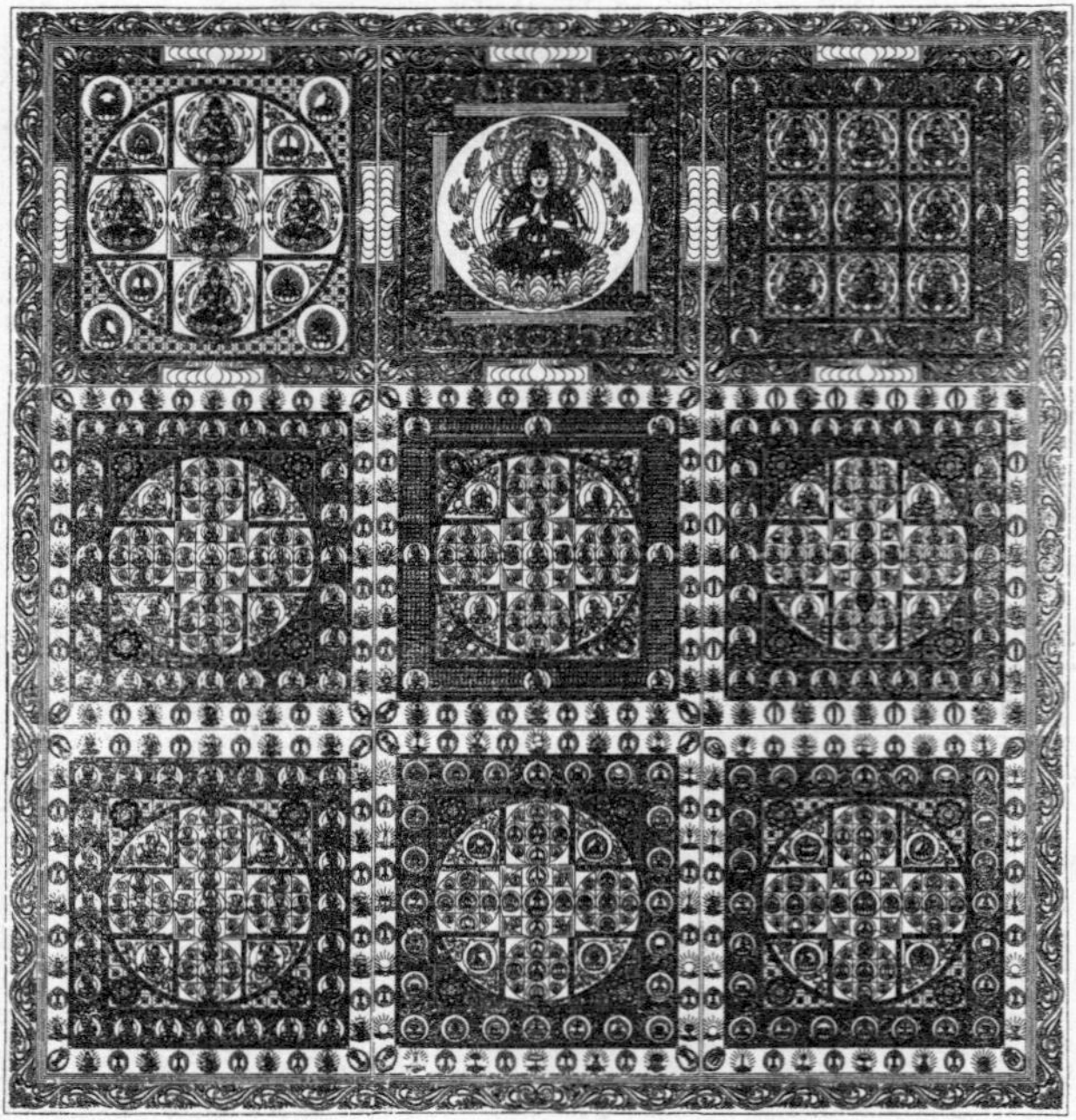

金剛界曼荼羅とは……

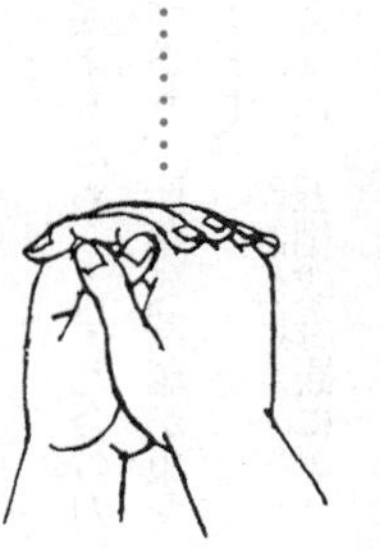

金剛界曼荼羅の名称

金剛界曼荼羅《こんごうかいまんだら》の名称は、『金剛頂経』において「一切義成就菩薩《いっさいぎじょうじゅぼさつ》が一切如来から悟りを獲得するための修行方法を教授され、これを修して悟りを獲得し灌頂《かんじょう》名を授かり、金剛界如来となった」との記述に由来します。すなわち金剛界如来の悟りの内容を示した曼荼羅ですから「金剛界曼荼羅」というのです。もとより金剛界如来とは大日如来のことです。

またこの金剛界曼荼羅は、九つの会から成っているので「九会《くえ》曼荼羅」とも称します。九つの会の名称は、成身会《じょうじんえ》・三昧耶会《さんまやえ》・微細会《みさいえ》・供養会・四印会・一印会・理趣会・降三世《ごうざんぜ》会《え》・降三世三昧耶会です。

向上門・向下門

金剛界曼荼羅の各会の関係は、図のように伝統的に「向上門・向下《こうげ》門」という二つの見方によって解釈されています。金剛界曼荼羅の中心は「成身会」であり、この会のみで

向上門

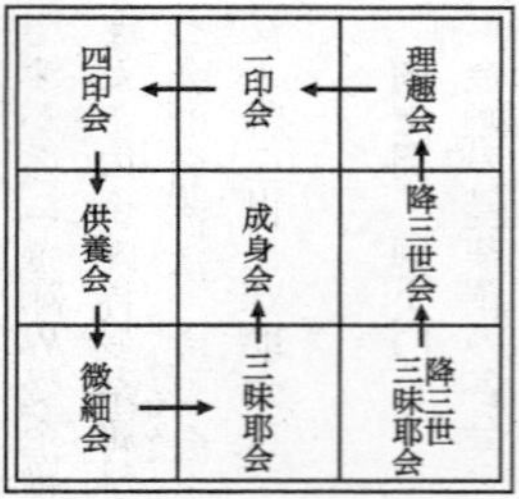

向下門

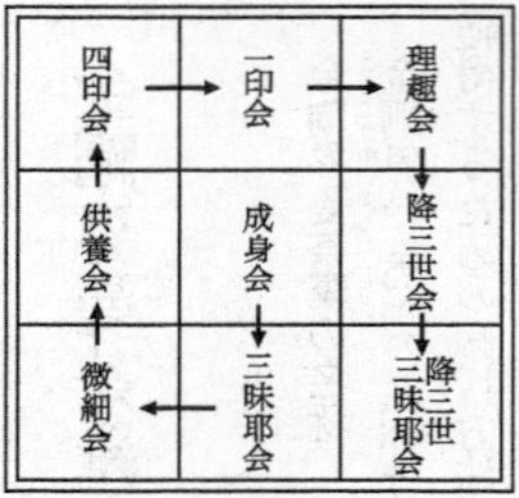

『金剛頂経』の根本教理が示されているといえるほど重要です。

二つの見方とは、この金剛界大日如来の仏果を示した成身会を求めていく見方と、逆に仏果の内実を衆生教化に振り向けていく、その過程を示した見方とです。すなわち降三世三昧耶会という入り口から修行して、成身会に至る修行のあり方を示したものが「向上門」であり、また成身会という仏果から流出して、降三世三昧耶会へと順次下りながら教化のあり方の方向性を示したものが「向下門」です。経典の記述は向下門の順で説かれているので、金剛界曼荼羅について述べるときは成身会から始まるのが通例とされています。

九会略説

ここで金剛界曼荼羅の全体像を捉えるため、まず九会の内容を略説します。方位は上方が西であり、胎蔵曼荼羅が東を上方とするのに対し逆の方向となります。

「成身会」の名称は先にも触れたように、五相成身観《ごそうじょうじんがん》により

		西		
	四印会	一印会	理趣会	
南	供養会	成身会	降三世会	北
	微細会	三昧耶会	降三世三昧耶会	
		東		

「如来の身を成じた」ということから名づけられたものです。この会は九会の中心であるので「根本会《こんぽんえ》」ともいわれ、智慧が活動していることから「羯磨会《かつまえ》」とも称されます。この一会で金剛界曼荼羅の根本教理が語られています。成身会の構造は、九会曼荼羅の上段の三会を除いた五会、すなわち三昧耶会・微細会・供養会・降三世会・降三世三昧耶会と基本的には同じです。

成身会で示された智慧は、次に三昧耶会に具体化されて描かれます。「三昧耶会」は大日如来の心秘密を示したものとされ、具体的には様々な器物によって表現されたものを「三昧耶曼荼羅」といいます。三昧耶とは誓願の意味であることから、「意密の曼荼羅」ともいわれます。この三昧耶形は経軌に明示されていない場合は、阿闍梨《あじゃり》の意志によるとされています。それゆえ三昧耶形は必ずしも一定していないことが多いものです。

「微細会」とは、仏の智慧は微細であり、また如何なるところへも行きわたっているのでこの名があります。諸尊が金剛杵《こんごうしょ》の中に描かれるのは、衆生が微細にして堅固なる智慧に抱かれていることを表します。三鈷杵《さんこしょ》はまさに大日如来の智慧の幖幟《ひょうじ》そのものなのです。

「供養会《くようえ》」には、十六大菩薩（後述）が天女となり、如来を供養する姿が描かれます。大日如来の智慧と功徳が、衆生に対し降り注いでいる活動が示されているのです。

「四印会《しいんえ》」は、成身会を簡略化したものです。成身会はあまりにも甚深にして得難いので、初心の修行者に内容を簡略に示した曼荼羅です。

「一印会《いちいんえ》」は、大日如来一尊のみが描かれています。金剛界曼荼羅の一切を、ひとり大日如来の姿に集約して示したものです。

「理趣会《りしゅえ》」は、『理趣経』をもとに描かれた曼荼羅で、大日如来の活動が現実世界でどう展開しているかを示しています。この会のみ大日如来は描かれず、金剛薩埵が中心となり、現世における菩薩の働きが示されます。

「降三世会」は降三世羯磨会ともいい、大日如来の活動がさらに現実に展開することを示しています。ここでは金剛薩埵が降三世明王に変身し、救済し難い衆生を教化する内容を描くことで、大日如来の強い衆生教化の意志が示されています。

「降三世三昧耶会」は降三世会を三昧耶形として描いたものです。

金剛界曼荼羅の世界

前述したように、金剛界曼荼羅とは「金剛界如来の曼荼羅」という意味です。『金剛頂経』では、一切義成就菩薩が一切如来から悟りを獲得するための修行方法を教授され、金剛界如来となったという構想で話が進んでいきます。すなわち、大日如来が悟りの世界を衆生に示すため、自らを一切義成就菩薩として顕現し修行して金剛界如来となった、その過程を明示しています。そして結果として得た悟りの智慧の世界を示したものが、金剛界曼荼羅なのです。

一切義成就菩薩が金剛界如来となった場は、阿迦尼陀天《あかにだてん》(akaniṣṭta)といって色界《しきかい》の頂上です。色究竟天と漢訳します。色界は極めて高度な禅定の世界ですし、その中でも最上の境地の話ですから、欲界に住む一般の人々では到底この世界をかいま見ることすらできません。そこで、金剛界如来は加持力《かじりき》をもって欲界の頂上である須弥山まで、つまり現実世界に住む私たちのレベルでも理解できるように配慮したわけです。この様相を『金剛頂経』にもとづいて説明すると次のとおりです。

あらゆる如来たちは大日如来を囲み、人間世界へ移動した。それによって国土は胡麻が満ち満ちているごとく無量の如来によって満たされた。その時、一切如来がことごとく雲集し、一切義成就菩薩摩訶薩が菩提道場に坐しているところへ近づき、菩薩の前に姿を現し、次のようにいった。

「善男子よ、あなたが如何なる難行に耐えたとしても、無上菩提を証することはできません。なぜならあなたは一切如来の真実を知らないで、ただ諸の苦行を忍んでいるのみであるから……」

その言葉を聞いて一切義成就菩薩摩訶薩は、一切如来の驚覚によってはっと我にかえり、無動三昧(アサハナカサマーディ)を止め、一切如来に礼拝して申し上げた。

「世尊如来よ、我に教示したまえ。私は如何に修行をし、如何なる真実を求めたら悟ることができるのでしょうか」

そこで如来たちは、異口同音にその質問に応えるのである。

ここに登場する一切義成就菩薩とは、成道以前の釈尊を想定していることは、そのサンスクリットの尊名サルバアルタシッディ（sarvārtaśidhi）からも明らかです。なぜならアルタは義、シッディは成就を意味し、この尊名のシッディとアルタを逆にすれば釈尊が悟りを得てブッダと名のる以前の名、すなわちシッダールタと同名になるからです。『金剛頂経』では、かつて釈尊が苦行を捨てた事実を根底に置き、ここでは一切義成就菩薩が阿娑頗娜伽《あさはなか》三摩地《さんまぢ》という苦行をしている設定から始まります。この苦行は、次第に息を潜め、最後には一切の呼吸を止めるという難行で無息禅ともいい、釈尊も修したといわれます。その釈尊はこの苦行を捨て、尼連禅河《にれんぜんが》で身を清め、スジャータより供養をうけ、菩提樹下に静かに端坐して悟りを獲得しました。

釈尊はそれまで最善と考えていた苦行をなぜ捨てたのか。『金剛頂経』でも同じように一切義成就菩薩が苦行を捨てるのですが、経ではその理由を「一切如来からの驚覚」によるものとします。インドでは苦行することは解脱するための有効な方法とされ、むしろ修行にはつきものであると考えられていました。それを捨てることは、まさにそれまで多くの修行者がもっていた価値観を一変させる発想です。驚覚とは文字通り驚き目覚めることで、一切如来による驚覚は、それまでの苦行を良しと実践してきた釈尊の価値観を一変させた大転換だったのです。驚覚とは、まさに釈尊が思ってもみなかった世界があることを知らされ、それを見出した、その驚きと興奮の表現です。

このような「釈尊が瞑想に耽り悟りに至る過程」を見据え、『金剛頂経』はこれを悟りにいたる最高の修行方法と捉え、これを五相成身観として教理化したのです。

五相成身観

釈尊は、自らが自らの心に問いかけ悟りを獲得したのですが、『金剛頂経』は悟りとは何か、獲得するには如何にすべきか、という命題を他に示さねばなりません。『金剛頂経』がとった一切義成就菩薩と一切如来との対話の形式は、これらを人々に伝えるための方法です。ここで『金剛頂経』は、悟りに至る最良の方法である「通達菩提心・修金剛心・成金剛心・証金剛身・仏身円満」という修行を五相成身観として提示しました。この五相成身観を『金剛頂経』の説示をもとに述べれば、次のように理解できると思われます。

一切義成就菩薩は、あたかも釈尊が尼連禅河で身を清め、ピッパラ樹のもとに静かに端坐したごとく、自らも心を整えて坐した。そのとき菩薩の心に一切如来の声が聞こえた。「あなた自身の心を深く見つめなさい。そして心を洞察するために、オン　シッタハ

ラチベイトウ　キャロミ（オーン　我れ心を洞察す）という真言を唱えなさい」

いわれたそのように心を見つめたとき、菩薩は何かに到達した。そしてその状況を一切如来に申し上げた。

「世尊如来よ、私は私自身の心に月輪《がちりん》のような形をしたものが見えました」

すると一切如来は、さらに次のようにいった。

「善男子よ、あなたが見たものは心の本質であり、まさに光明そのものなのです。その心は純白な布に色をつければそのままに染まるように、その純粋な心をさらに洞察すれば、なお輝きを増すであろう」

そして一切如来は、光明に輝く心智をさらに豊かにするために、また彼の菩薩に次のようにいった。

「菩提心を発《おこ》すために、オン　ボウチシッタ　ボダハダヤミ（オーン　我れは菩提心を発さん）という真言を唱え、さらに自心を観察しなさい」

そのとき菩薩は、一切如来の指示通り菩提心を発し已《おわ》って、次のようにいった。

「一点の曇りのない月輪の形と全く同様に、私は今まさにその月輪の形と同じものを見ました」

その言葉を聞いた一切如来は、再び菩薩に次のようにいった。

「あなたは一切如来の普賢心を発して、金剛堅固な智慧に等しいまでの境地に到達したのです。つづいてあなたが見た自心の月輪の上に、金剛の形を思惟しなさい。そのために、オン　チシュタ　バザラ（オーン　起て金剛よ）という真言を唱えなさい」

菩薩はいわれるままに行ったとき、思わず次のようにいった。

「世尊如来よ、私は今、月輪の中に金剛を見ました」

そこで一切如来は告げた。

「それは一切如来の普賢心たる金剛である。その金剛をこの、オン　バザラ　タマクマン（オーン　我れは金剛を本性とするものなり）という真言を誦して、堅固ならしめよ」

菩薩は「あらゆる一切虚空に遍満するものは、一切如来の身・口・心なる金剛界そのものです。

いま一切如来の加持によって、金剛薩埵の世界に入ることができました」といった。

そのとき一切如来は、一切義成就菩薩摩訶薩が悟りの境地に達したことを確認し、菩薩に金剛界灌頂を授けて金剛界と命名した。

そのとき金剛界菩薩摩訶薩は、かの一切如来に申し上げた。

「世尊如来よ、私はいま一切如来が自身と一体となったものを見ました」

そこで一切如来は、また次のように告げた。

「このゆえに摩訶薩よ、あなたは如来としての一切の形を具え成就したのです。これより自身を仏形と観じ、オン　ヤタ　サラバタタギャタサ　タタカン（オーン　一切

の如来がある如く　その如くに我れはあり）との自性成就の真言を誦し、意に随って誦しなさい」

この五段階に心を見つめていく修行が「五相成身観」です。まとめると次の通りです。通達菩提心とは、「オン　シッタハラチベイトウ　キャロミ」という真言を唱え、自らの心を洞察し月輪を見る。修菩提心は「オン　ボウチシッタ　ボダハダヤミ」という真言を唱えて、月輪を観じて菩提心を起す。成金剛心は「オン　チシュタ　バザラ」という真言を唱え、月輪上に金剛杵を観じ菩提心を堅固にする。証金剛身は「オン　バザラ　タマクカン」という真言を唱えて、月輪上の金剛杵が一切如来の智慧の象徴であり、それがそのまま自心であると確信する。仏身円満は「オン　ヤタ　サラバタタギャタサ　タタカン」という真言を唱えて、これらの瑜伽《ゆが》観法により悟りを成就する、というのです。

この五相成身観により、一切義成就菩薩は悟りを獲得し、金剛界如来と称せられたのです。そのとき、一切如来は四仏として忽然として現れ、金剛界如来を囲んで曼荼羅を現出します。この曼荼羅を欲界の頂上である須弥山に顕現させ、それを図絵したものが金剛界曼荼羅であるというのです。

成身会　じょうじんえ

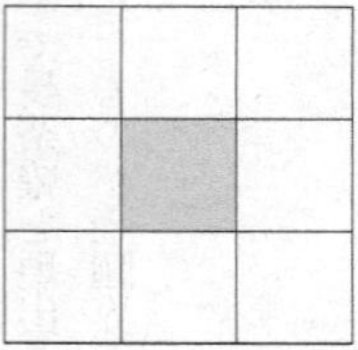

月輪

成身会《じょうじんえ》は多くの円輪と四角の線とで区分され、全体は三重の構造で造られています。多くの円輪は、大円輪の中に中円輪、中円輪の中に小円輪という形で構成されています。すなわち、大円輪の中に五つの中円輪があり、中円輪の中にさらに五つの小円輪があります。大円輪は「大金剛輪」、中円輪は「解脱輪《げだつりん》」、小円輪は「月輪」と称します。また月輪は、これらすべての円輪をも指す言葉であり、それはそのまま私たちの菩提心に比定するのです。

大金剛輪は、大日如来を中心とする五仏の住居である宝楼閣です。五つの解脱輪には五仏が配され、五智が示されます。現図曼荼羅の図を見ますと、五解脱輪のうち中央の円輪を除いた四つの円輪がありますが、その両側に合計十六の金剛杵が描かれています。この三鈷杵は、じつは宝楼閣の八本の柱であると経典には記されています。絵のみを見ると平面的であり意味がとりにくいのですが、これが柱であることによってこの場が説法の場で

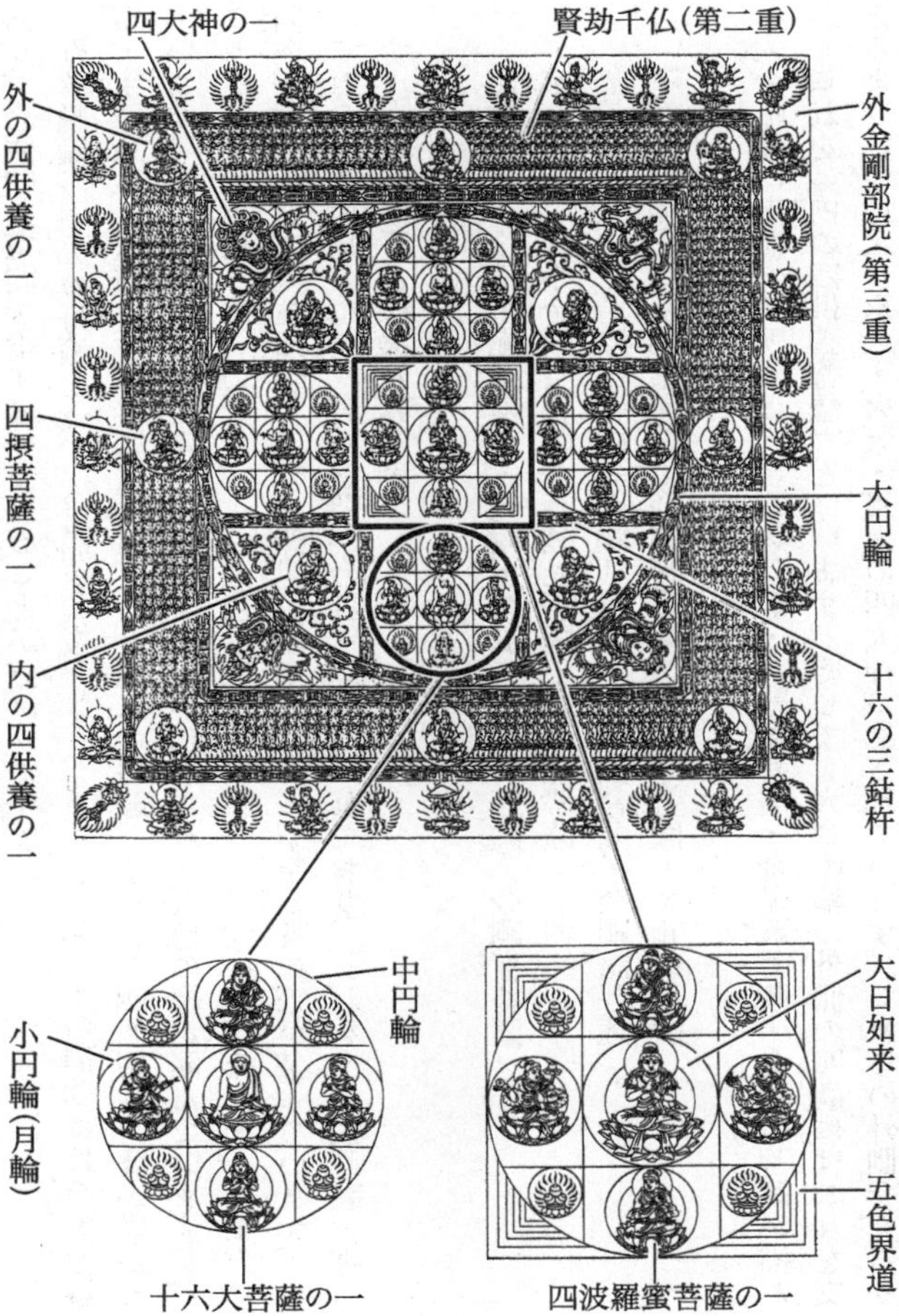
四大神の一
賢劫千仏(第二重)
外の四供養の一
外金剛部院(第三重)
四摂菩薩の一
大円輪
十六の三鈷杵
内の四供養の一
中円輪
小円輪(月輪)
大日如来
五色界道
十六大菩薩の一
四波羅蜜菩薩の一

あり、立体的な空間を指すものであることが分かります。

五解脱輪の中央の月輪には、大日如来が坐しています。そしてその周りには金剛波羅《こんごうはら》蜜《みつ》・宝《ほう》波羅蜜・法《ほう》波羅蜜・羯磨《かつま》波羅蜜という四人の菩薩、すなわち四波羅蜜菩薩が描かれています。この月輪の周りを青・黄・赤・白・黒に彩られた五色の線が囲んでいますが、これを「五色界道《ごしきかいどう》」といいます。この五色界道の外の四つの月輪には、それぞれに東方に阿閦《あしゅく》如来、南方に宝生《ほうしょう》如来、西方に無量寿《むりょうじゅ》如来、北方に不空成就《ふくうじょうじゅ》如来が坐しています。

これら如来の周りには、各四菩薩が合計十六尊描かれており、これを十六大菩薩と称します。十六大菩薩とは次の尊です。

阿閦如来……金剛薩埵《こんごうさった》・金剛王《おう》菩薩・金剛愛《あい》菩薩・金剛喜《き》菩薩
宝生如来……金剛宝《ほう》菩薩・金剛光《こう》菩薩・金剛幢《どう》菩薩・金剛笑《しょう》 菩薩
無量寿如来……金剛法《ほう》菩薩・金剛利《り》菩薩・金剛因《いん》菩薩・金剛語《ご》菩薩
不空成就如来…金剛業《ごう》菩薩・金剛護《ご》菩薩・金剛牙《げ》菩薩・金剛拳《けん》菩薩

大金剛輪の内側の四隅には、金剛嬉《き》菩薩・金剛鬘《まん》菩薩・金剛歌《か》菩薩・金剛舞《ぶ》菩薩が描かれ、これを「内《ない》の四供養菩薩」といいます。そして、大金剛輪の外側の四隅にはこれを支えるように、地天・水天・火天・風天の四大神が配されています。これらの外側をぐるりと金剛杵が取り囲みますが、ここまでが第一重となります。

第二重には「賢劫千仏《げんごうせんぶつ》」がぎっしりと描かれています。第二重の四隅には、金剛香《こう》菩薩・金剛華《け》菩薩・金剛燈《とう》菩薩・金剛塗《ず》菩薩が描かれ、これを「外《げ》の四供養菩薩」といいます。そして東・南・西・北の四方に、金剛鉤《こう》菩薩・金剛索《さく》菩薩・金剛鎖《さ》菩薩・金剛鈴《れい》菩薩が描かれており、これを「四摂菩薩《ししょう》」といいます。ここまでが第二重です。

この外側を金剛界畔《かいはん》が区切り、第三重に移ります。すなわち金剛界畔の外ということで、ここを「外金剛部院《げこんごうぶいん》」といいます。ここには次の二十天が描かれています。

東方……那羅延天《ならえんてん》・倶摩羅天《くまら》・金剛摧天《こんごうざい》・梵天《ぼん》・帝釈天《たいしやく》
南方……日天《にっ》・月天《がっ》・金剛食天《じき》・彗星天《すいせい》・熒惑天《けいわく》
西方……羅刹天《らせっ》・風天《ふう》・金剛衣天《え》・火天《か》・毘沙門天《びしやもん》
北方……金剛面天《めん》・焔摩天《えんま》・調伏天《ちようぶく》・毘那夜迦《びなやか》・水天《すい》

相互供養

この会に描かれた諸尊は、どういった関連性を持つものなのでしょうか。伝統的には次のように解釈されています。

はじめに一切義成就菩薩が悟りを得て、大日如来となって中央に現れます。次に阿閦・

宝生・無量寿・不空成就の四仏が、大日如来を取り囲むかたちで忽然と現れ、つづいて四仏の周りに、これら仏の具体的な智慧の働きを示す十六大菩薩が現れます。

図のようにまず、①大日如来となり悟りを顕現したことを讃えるため、四仏は供養の形として四波羅蜜菩薩を出生します。供養とは、一切の我執をはなれ、ひたすら他のために奉仕する行為をいいます。次に②大日如来は四仏の供養に応え、逆に四仏を供養するため

①四仏が四波羅蜜菩薩を供養する

②大日如来が内の四供養菩薩を供養する

に嬉・鬘・歌・舞の「内の四供養菩薩」を出生します。③四仏は、この大日如来の供養に応えて、さらに大日如来を供養するために焼香・華・燈・塗香の「外の四供養菩薩」を出生します。④大日如来はこれらの供養によって一そう勢いを増し、また四仏を供養するために鉤・索・鏁・鈴の「四摂菩薩」を出生する……と、こういった一連の動きを「相互《そうご》供《く》養《よう》」というのです。相互供養とは、互いの存在意義を称え尊重し、協調しあう行為のこと

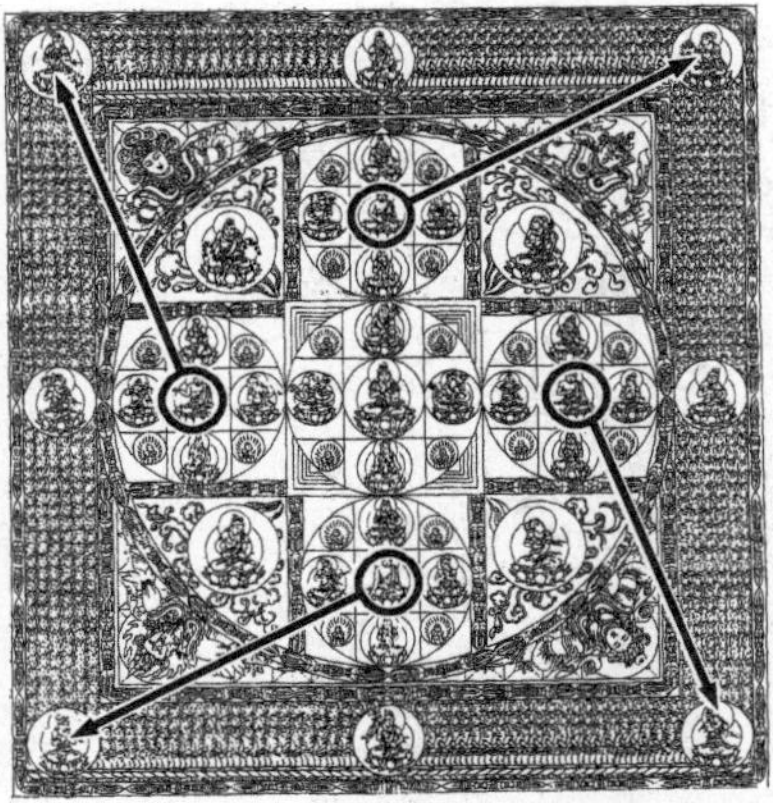

③四仏が外の四供養菩薩を供養する

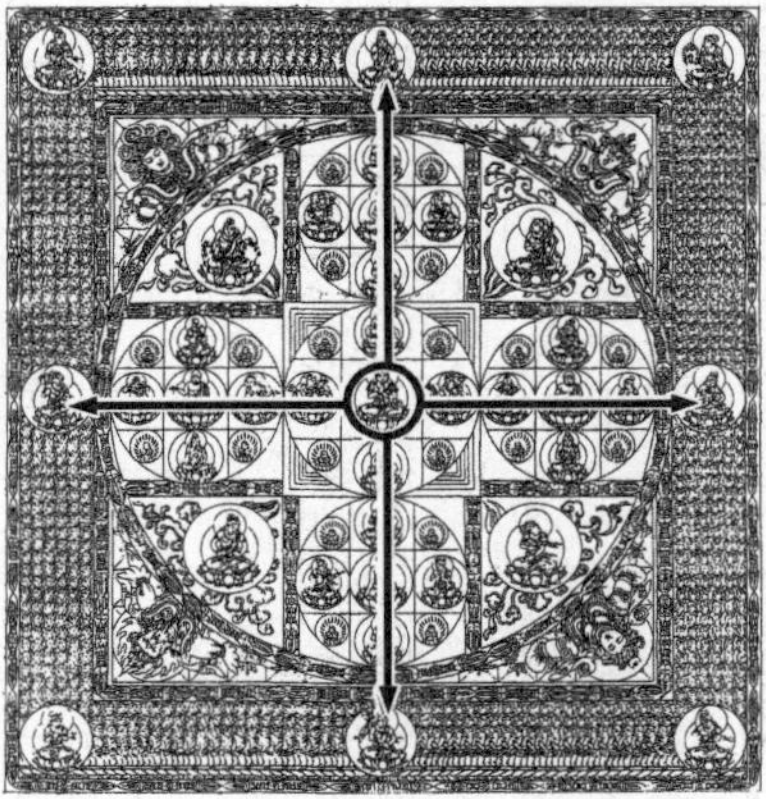

④大日如来が四摂菩薩を供養する

です。この相互供養のさまは、まさに大日如来の悟りの智慧が縦横無尽に躍動している姿そのものなのです。

賢劫千仏

賢劫千仏が描かれているのは、成身会のみです。少し離れて見ると模様のように見えますが、じつは千もの仏がぎっしりと描かれています。賢劫とは「祝福された現在という時」という意味です。賢劫はサンスクリットではバドラ・カルパといいます。バドラは「吉兆な」とか「祝福された」などの意味があり「賢」と漢訳し、カルパは「劫」と訳されます。私たちは「賢劫」にいるわけですから、文字通り解釈すれば、祝福されたときに生存していることになります。

『三千仏名経』には、「過去荘厳劫」「未来星宿劫」「現在賢劫」の三つの劫が説示されています。劫とは極めて長い時間の単位で、一劫とは、たとえば『大智度論』の芥子《けし》劫の説明によれば、「一六〇キロメートル四方もある大城に芥子の種を満たし、百年に一度一粒ずつ取り出すことにする。そしてこの芥子の実が無くなっても劫は尽きない」とあります。それほど長い時間をいいます。

仏教では宇宙の生成を四つの段階に分け、この段階が一周する変化を一つのかたまりとし、これが永遠に繰り返されるとします。その四段階とは壊《え》劫・空劫・成《じょう》劫・住劫です。

「壊劫」とは今ある宇宙が破壊され崩れていく時期をいい、「空劫」とは破壊され滅した状態がつづいている期間をいい、「成劫」とは宇宙が再び生成していく期間をいいます。そして「住劫」は生成したものが存在しつづけている期間です。この四段階は、それぞれ二十劫の時間を要するので、これが一周するには八十劫かかることになります。この気の遠くなるような壊劫・空劫・成劫・住劫を「一大劫」といいます。そして宇宙はこれを繰り返す、というのが仏教の考えです。

私たちが今いる時は、賢劫の住劫に相当するわけです。『三千仏名経』には、過去・現在・未来の劫にそれぞれ千もの仏が出現して人々を救済すると説いてあります。現図曼荼羅の賢劫千仏は、現在の住劫に現れるという仏たちです。

三昧耶会

さんまやえ

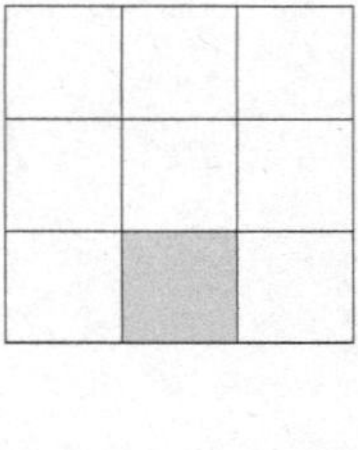

仏具に込められた意味

三昧《さんま》耶《や》会《え》は、九会曼荼羅の中央の下、東方に位置します。この会の特徴は、尊像を描くのではなく、様々な仏具をもって表現しているところにあります。これら仏具などによって表されたものを、密教では「三昧《さんま》耶形《やぎょう》」といいます。

三昧耶（samaya）とは、伝統的には平等・除障・本誓・驚覚の意味があるとされています。「平等」とは仏と衆生は本来的には本性において平等であることをいい、「除障」とは煩悩という衆生の障害を取り除く意味であり、「本誓」とはあらゆる衆生を救わんとする仏の誓願であり、「驚覚」とは驚きを与えることにより眠っている衆生の菩提心を呼び起こす意味です。三昧耶会では、これら四つの意味の中で、特に本誓、すなわち如来の衆生救済の誓願を表すのです。そして、その誓願は様々な仏具に象徴されます。

この三昧耶会の構造は、基本的には成身会と同じです。異なる点は、賢劫千仏が省かれ、これに代わって賢劫十六尊が描かれていることと、四大神の代わりに「開敷《かいふ》蓮華《れんげ》」（花開いた蓮華）が描かれていることです。

ここでは現図曼荼羅の成身会の尊が三昧耶会でどう変化したかを各尊別に図示しておきます。

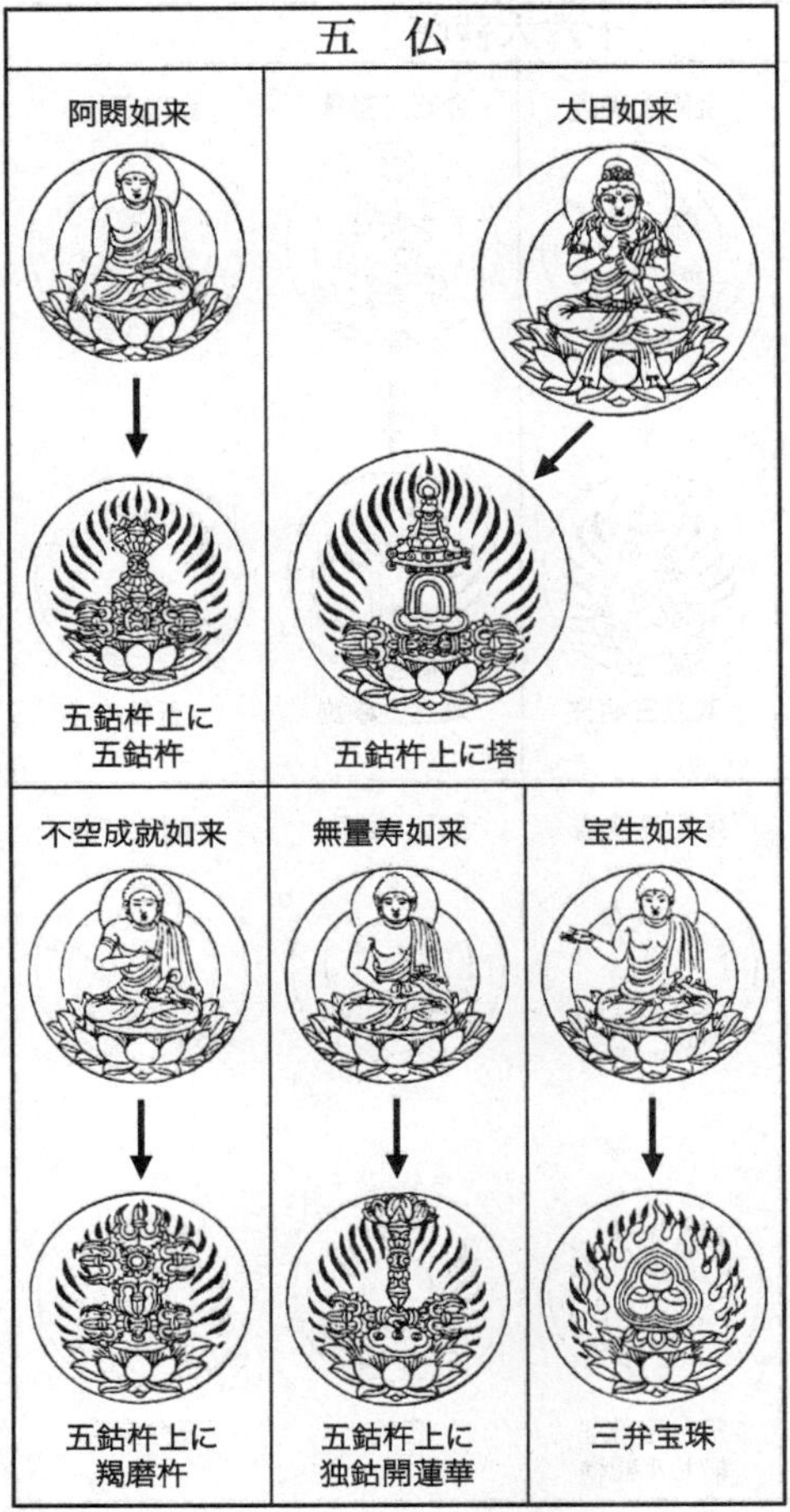

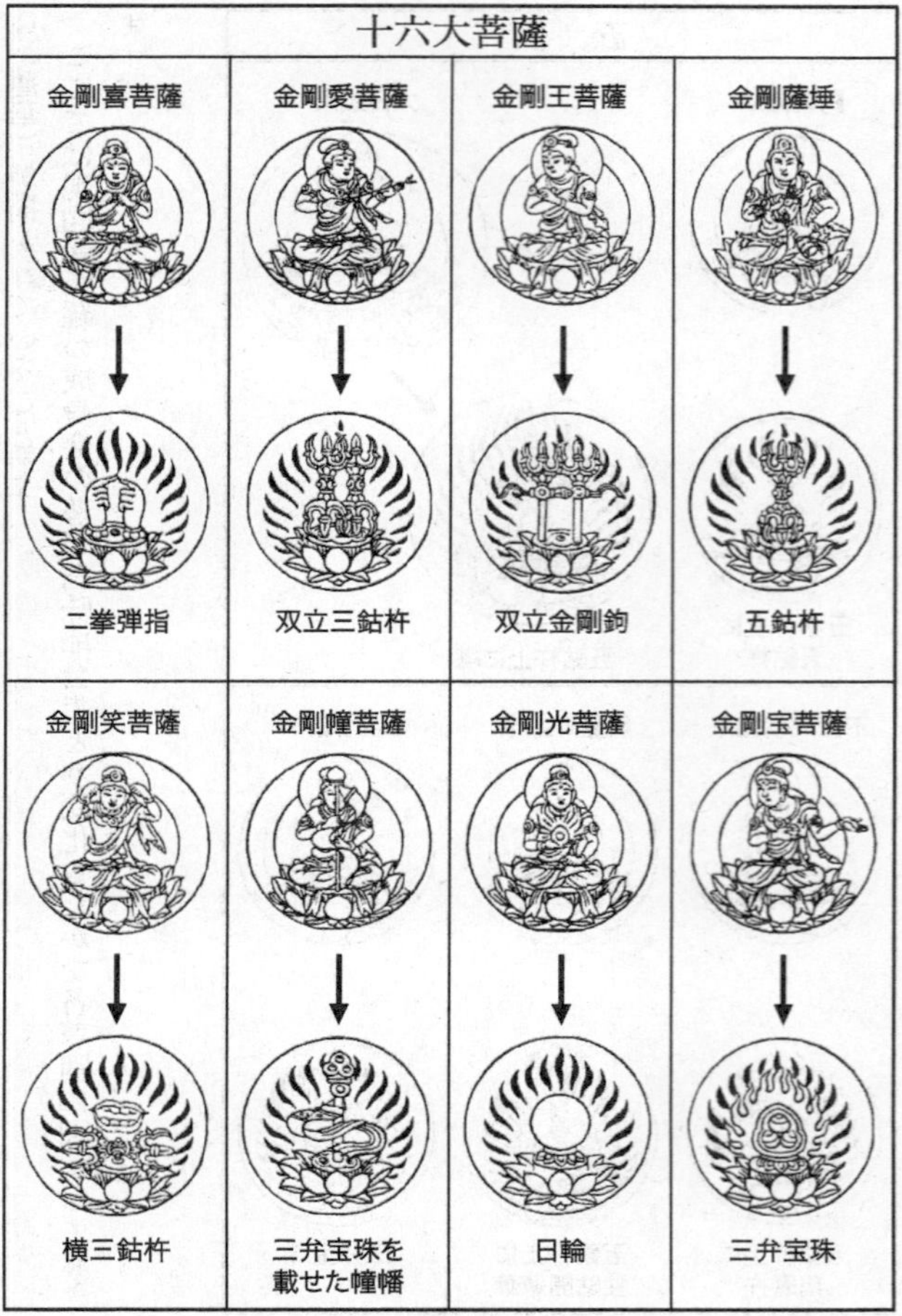
十六大菩薩
金剛喜菩薩
二拳弾指
金剛愛菩薩
双立三鈷杵
金剛王菩薩
双立金剛鉤
金剛薩埵
五鈷杵
金剛笑菩薩
横三鈷杵
金剛幢菩薩
三弁宝珠を載せた幢幡
金剛光菩薩
日輪
金剛宝菩薩
三弁宝珠

十六大菩薩

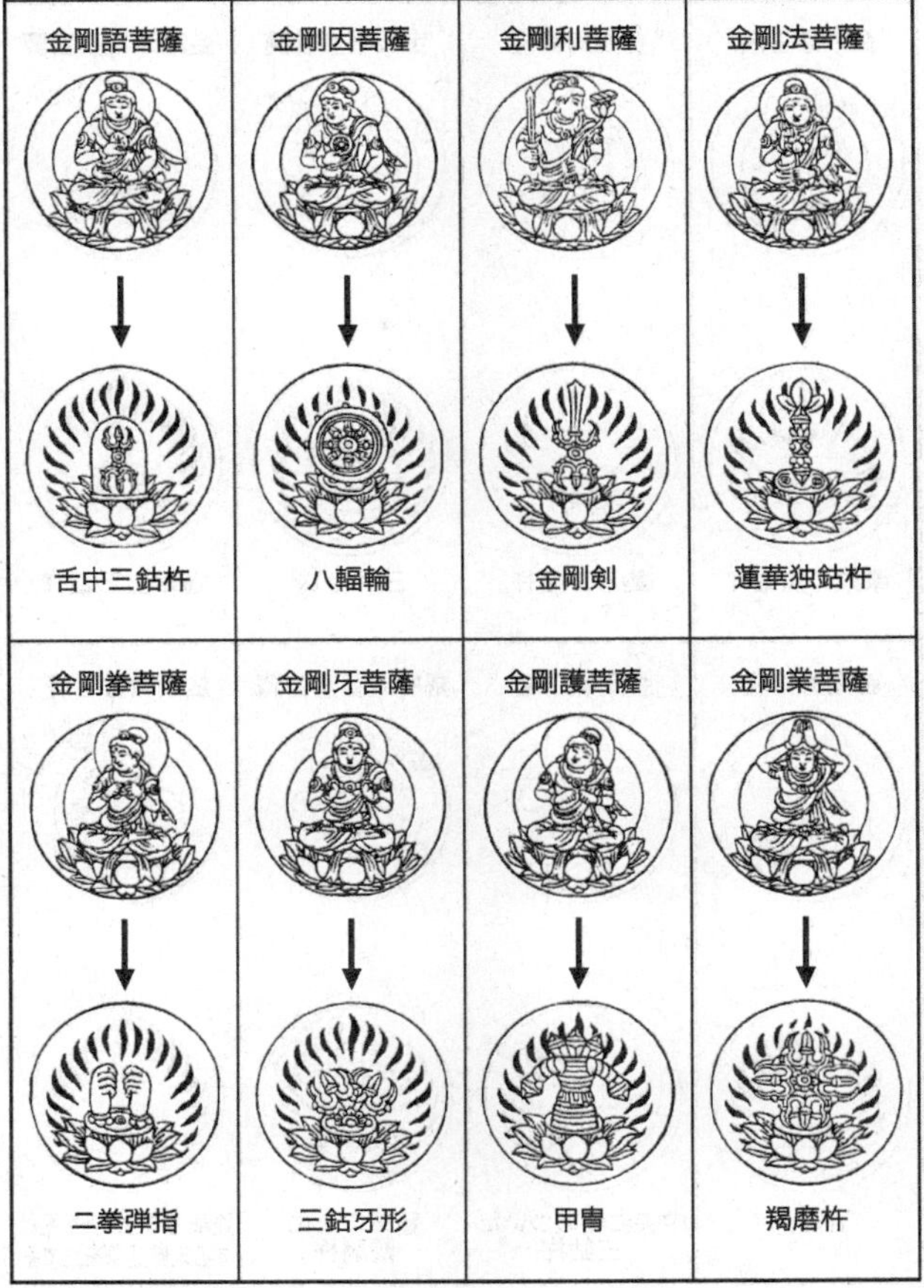
金剛語菩薩
舌中三鈷杵
金剛因菩薩
八輻輪
金剛利菩薩
金剛剣
金剛法菩薩
蓮華独鈷杵
金剛拳菩薩
二拳弾指
金剛牙菩薩
三鈷牙形
金剛護菩薩
甲冑
金剛業菩薩
羯磨杵

四摂菩薩		四波羅蜜菩薩	
金剛索菩薩	金剛鉤菩薩	宝波羅蜜菩薩	金剛波羅蜜菩薩
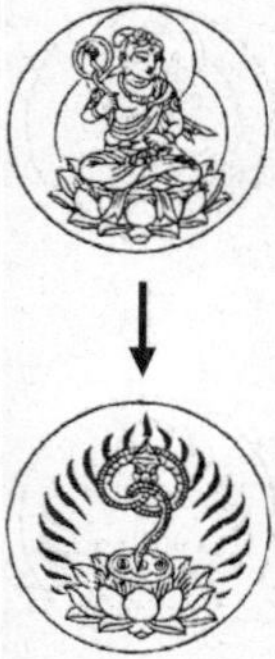	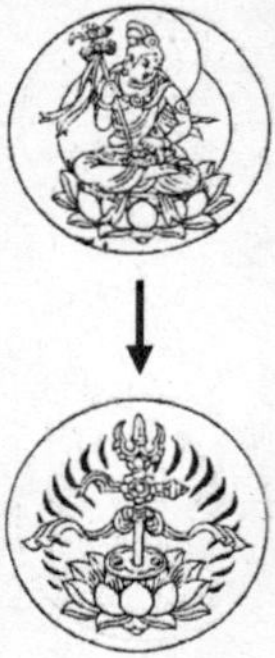	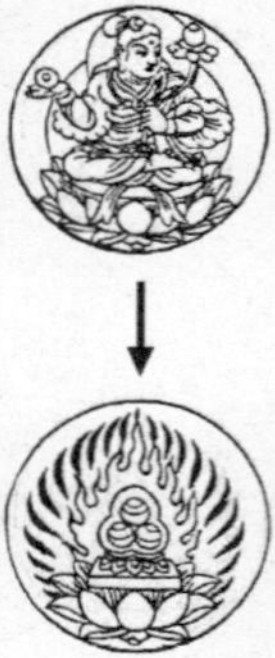	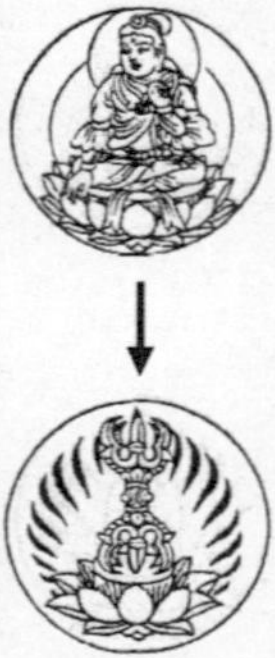
索頭に独鈷杵	鉤形三鈷杵	三弁宝珠	蓮華上五鈷杵
金剛鈴菩薩	金剛鏁菩薩	羯磨波羅蜜菩薩	法波羅蜜菩薩
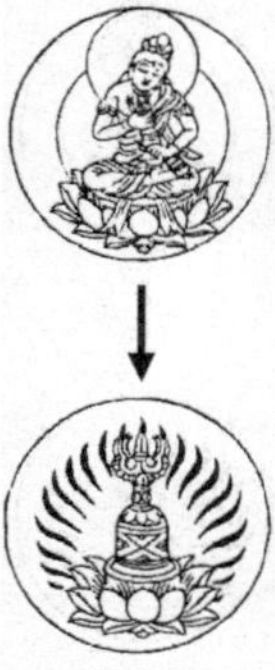	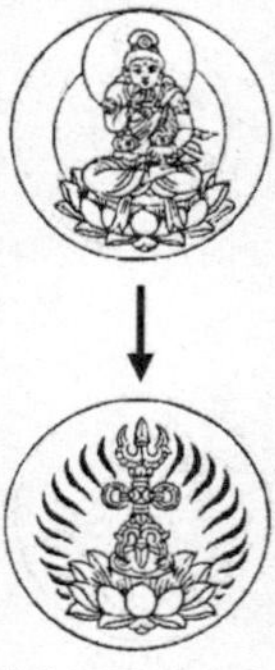	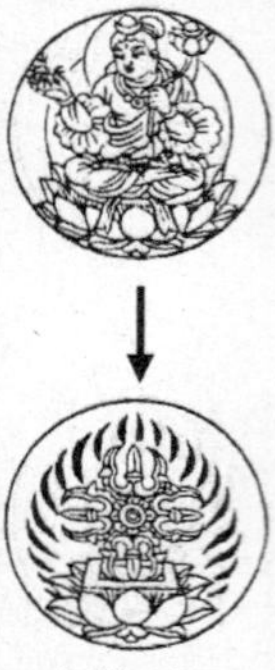	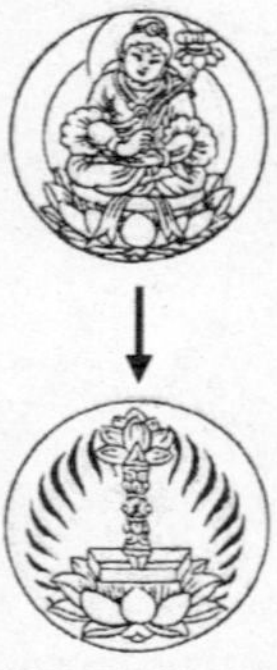
五鈷鈴	中央に環のついた三鈷杵	蓮華の上に羯磨杵	蓮華上に独鈷杵を茎とする末敷蓮華を立てる

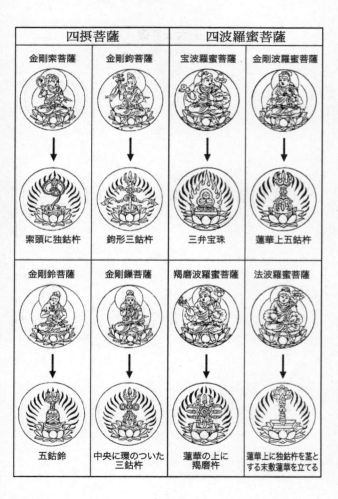

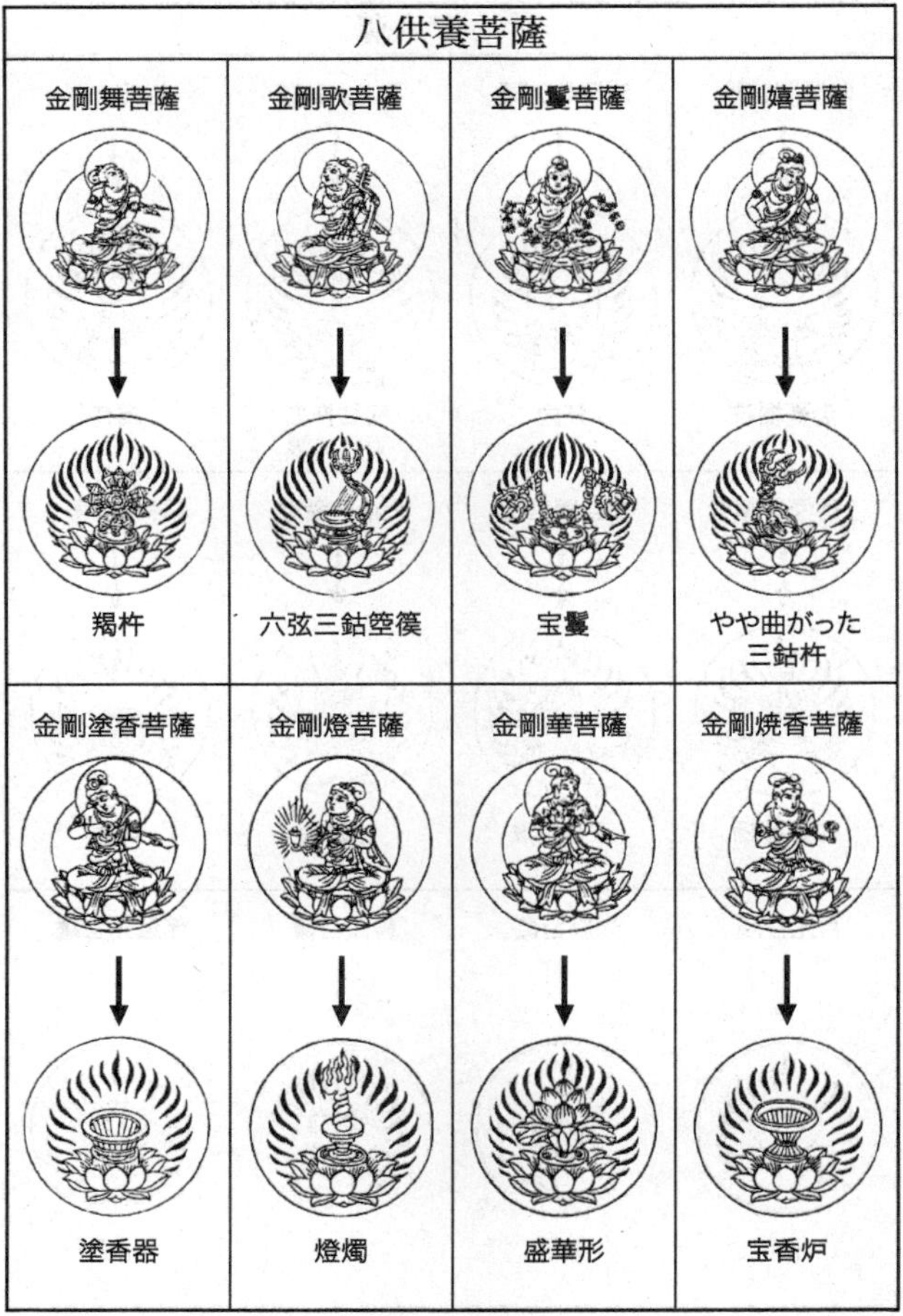
八供養菩薩
金剛舞菩薩
羯杵
金剛歌菩薩
六弦三鈷箜篌
金剛鬘菩薩
宝鬘
金剛嬉菩薩
やや曲がった
三鈷杵
金剛塗香菩薩
塗香器
金剛燈菩薩
燈燭
金剛華菩薩
盛華形
金剛焼香菩薩
宝香炉

賢劫十六尊			
除憂闇菩薩 ↓  無憂樹枝	滅悪趣菩薩 ↓  梵篋	不空見菩薩 ↓  独鈷杵の両脇に眼	慈氏菩薩 ↓  軍持
智幢菩薩 ↓  如意幢幡	虚空蔵菩薩 ↓  三弁宝珠	大精進菩薩 ↓  独鈷戟	香象菩薩 ↓  鉢器
月光菩薩 ↓  半月	光網菩薩 ↓  羅網	賢護菩薩 ↓  賢瓶	無量光菩薩 ↓  光明

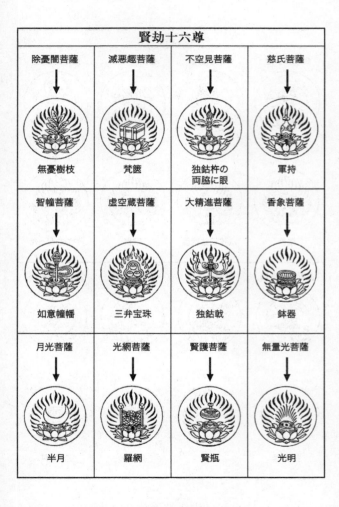

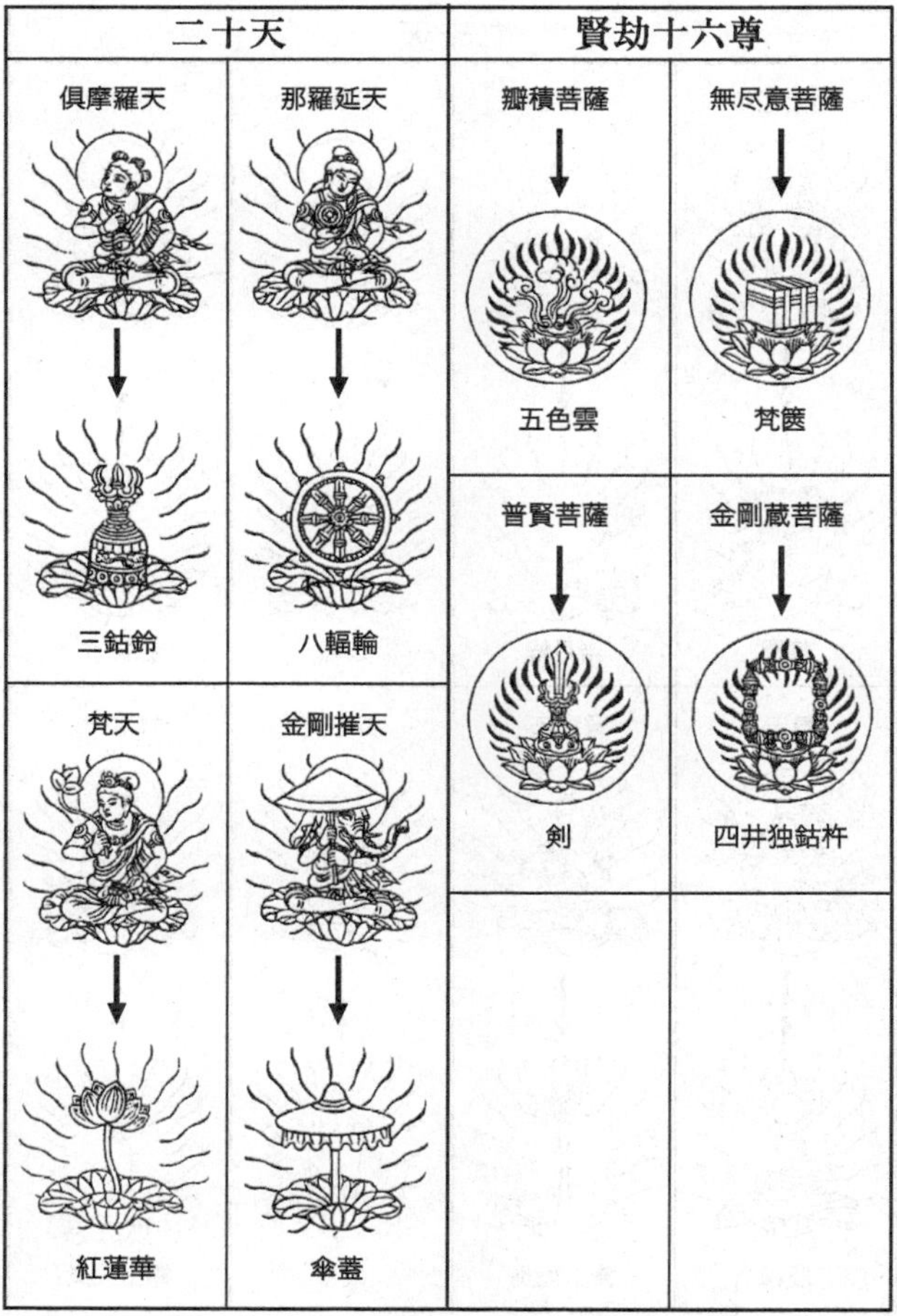

二十天
倶摩羅天
三鈷鈴
那羅延天
八輻輪
梵天
紅蓮華
金剛摧天
傘蓋
賢劫十六尊
辯積菩薩
五色雲
無尽意菩薩
梵篋
普賢菩薩
剣
金剛蔵菩薩
四井独鈷杵

二十天

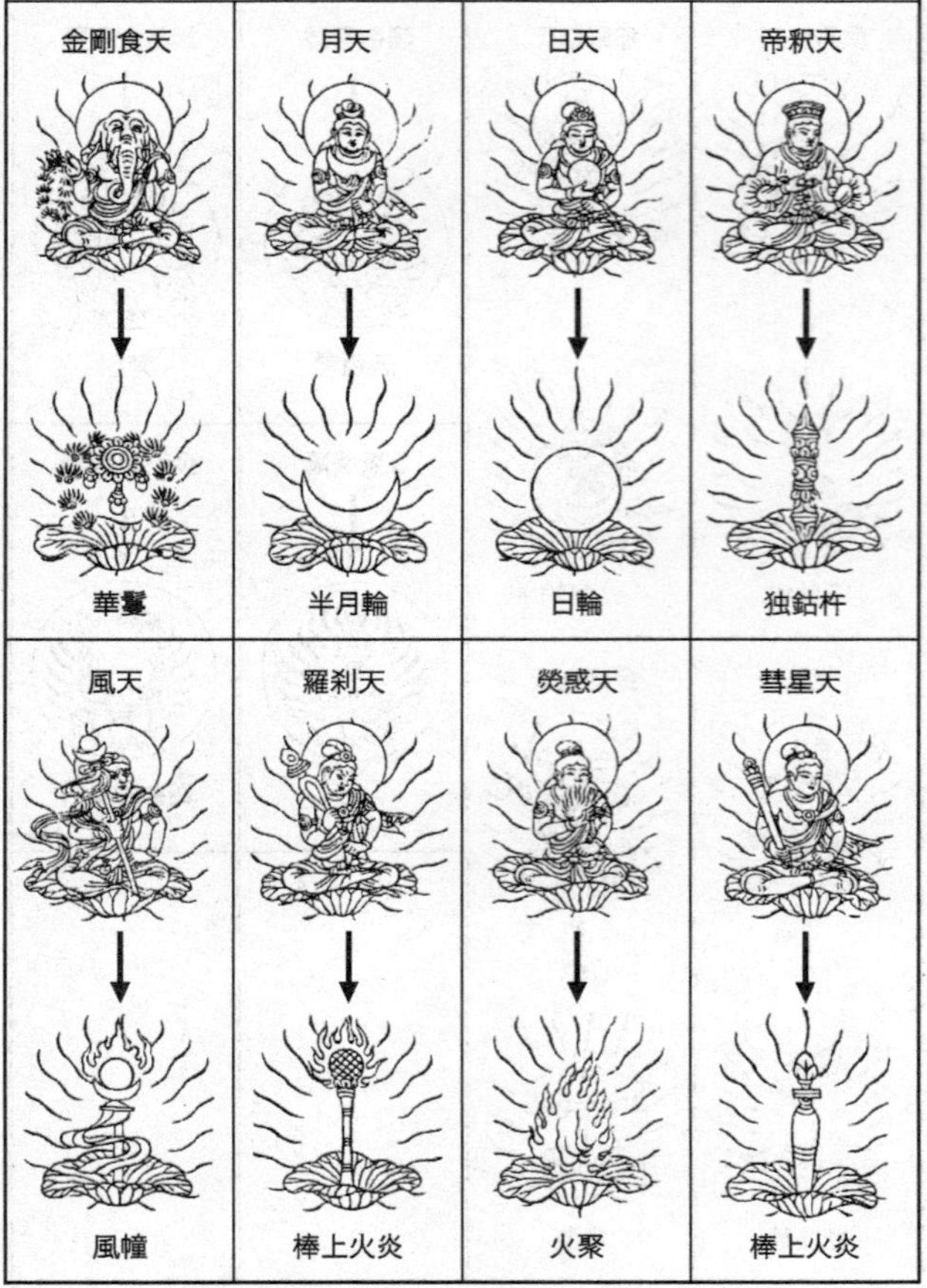

二十天			
金剛面天	毘沙門天	火天	金剛衣天
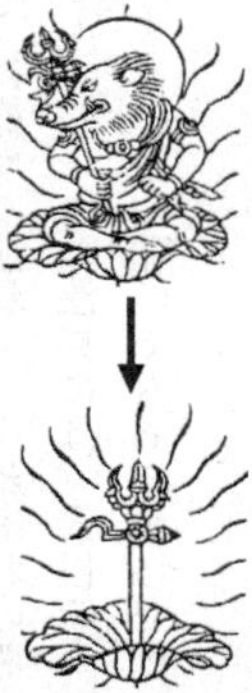	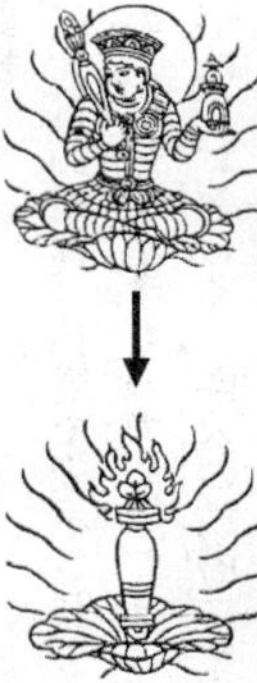	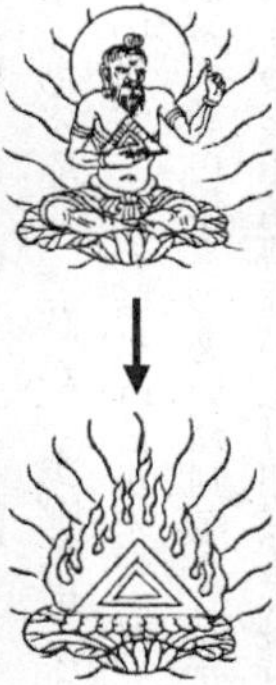	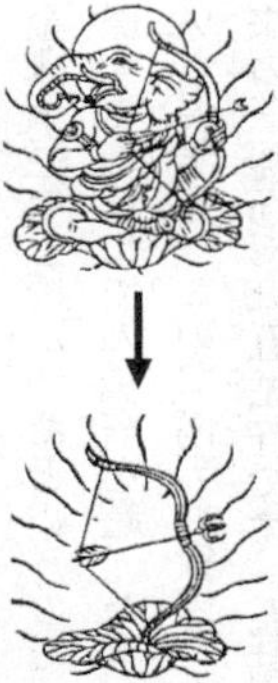
三鈷金剛鉤	宝棒	三角火炎	弓箭
水天	毘那耶迦	調伏天	焰摩天
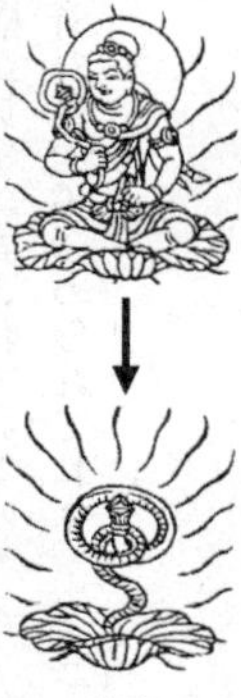	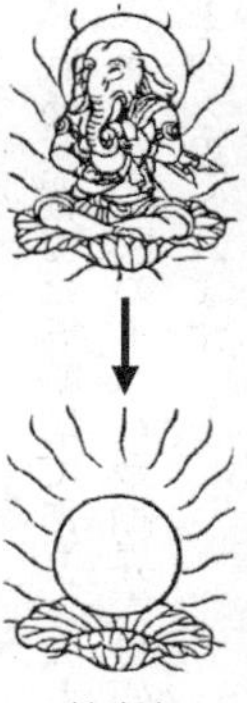	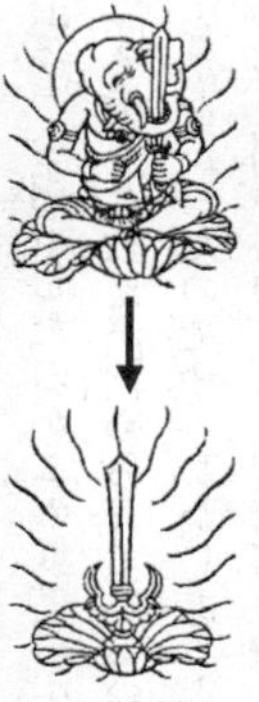	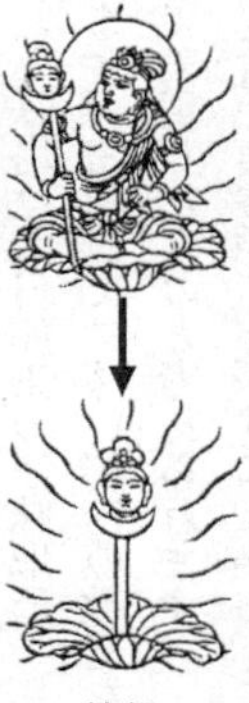
龍索	歓喜丸	三鈷剣	檀拏

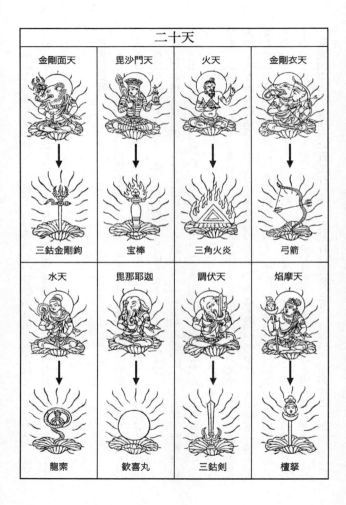

このように様々な法具で、それぞれの尊がもつ誓願が見事に表されているのです。なぜなら、その一つ一つの法具には、大日如来の衆生救済の誓願が込められており、そしてそれはそのまま衆生の願いでもあるからです。

南天の鉄塔

たとえば大日如来は、仏塔で表示されています。胎蔵曼荼羅では五輪塔であり、これは六大所成の人格仏を示すものであることは、既に述べました。図のような金剛界大日如来の三昧耶形は、おそらく「南天の鉄塔」を想像したものと思われます。

南天の鉄塔とは、南インドの鉄塔という意味です。『金剛頂義訣』によれば、密教付法の第三祖である龍猛《りゅうみょう》菩薩が、金剛薩埵から『金剛頂経』を相承《そうじょう》したのがこの鉄塔の中であるといいます。この塔には仏が未だ説いていない深く重要な教えが納められているのですが、仏滅後数百年ものあいだ封鎖され誰も開くことがなかったのです。しかしあるとき大徳、すなわち龍猛菩薩が大日如来の真言を唱え、鉄塔を開いて中に入り、秘密の教えを記した『金剛頂経』を授かったというのです。すなわち鉄塔は大日如来の三昧耶形であり、釈尊を象徴するそれまでの仏塔を超えたものであります。密教はより深い秘密の教えを説くのだという姿勢を、この「南天の鉄塔」という形で表現したものと考えられます。

阿閦如来の三昧耶形は五鈷杵《ごこしょ》です。五鈷杵は五智（五二頁参照）を表すことから、この三昧耶形で阿閦如来が大日如来の智慧の展開を示していることが分かります。宝生如来は三弁宝珠《さんべんほうじゅ》で示されます。三弁宝珠とは、三つに絡み合った宝珠という意味です。宝珠は福徳を象徴することから、これであらゆる人々の願いを満たす誓願を意味しています。無量寿如来の三昧耶形は独鈷《とっこ》上の開敷蓮華です。独鈷は煩悩を断尽した大日如来の悟りの世界の本質を示し、開花した蓮華は悟りの境界を静かに満喫している情態を表しています。また不空成就如来を表す十字金剛杵は羯磨杵《かつましょ》とも称し、衆生救済の活動を示しています。十字となっているのは、四方の衆生に目を向けて余すことなく救おうとする如来の慈悲の活動の姿を表しています。

このように様々に描かれた三昧耶形は、それぞれに如来の深い誓願が込められているのです。

微細会

みさいえ

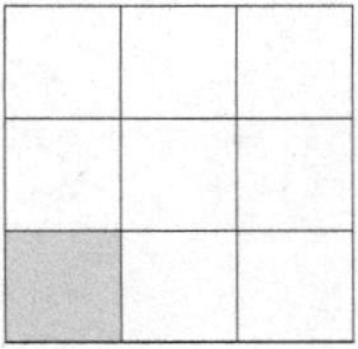

広大なる智慧

微細会《みさいえ》は、九会曼荼羅の向かって左下の隅、すなわち東南に位置します。構造は三昧耶会と全く同じですが、図絵されたものが三昧耶形ではなく尊像となっています。そして絵としての特徴は、すべての尊が後ろに三鈷杵を背負った形で描かれていることです。

なぜ微細会と名づけられ、なぜ三鈷杵を背負っているのでしょうか。この会は『金剛頂経』の「金剛智法曼拏羅広大儀軌分」によって描かれていますが、直接的にはここに「金剛微細会曼荼羅」という名称があることから、この名がつけられました。

では、この金剛微細とは一体何でしょうか。金剛とは、根本的には金剛のごとき不壊なる大日如来の智慧をいいます。大日如来の智慧は広大無辺で宇宙の隅々まで行きわたり、限りないものです。しかしこの広大な智慧も、三昧《ざんまい》に入った修行者の心に集約することもできます。『金剛頂経』には「智慧の幖幟である金剛杵を鼻端に観想し、これに心を専注し見極めて三昧に入る」とあり、金剛不壊なる本質的な智慧を観察するのです。まさにこ

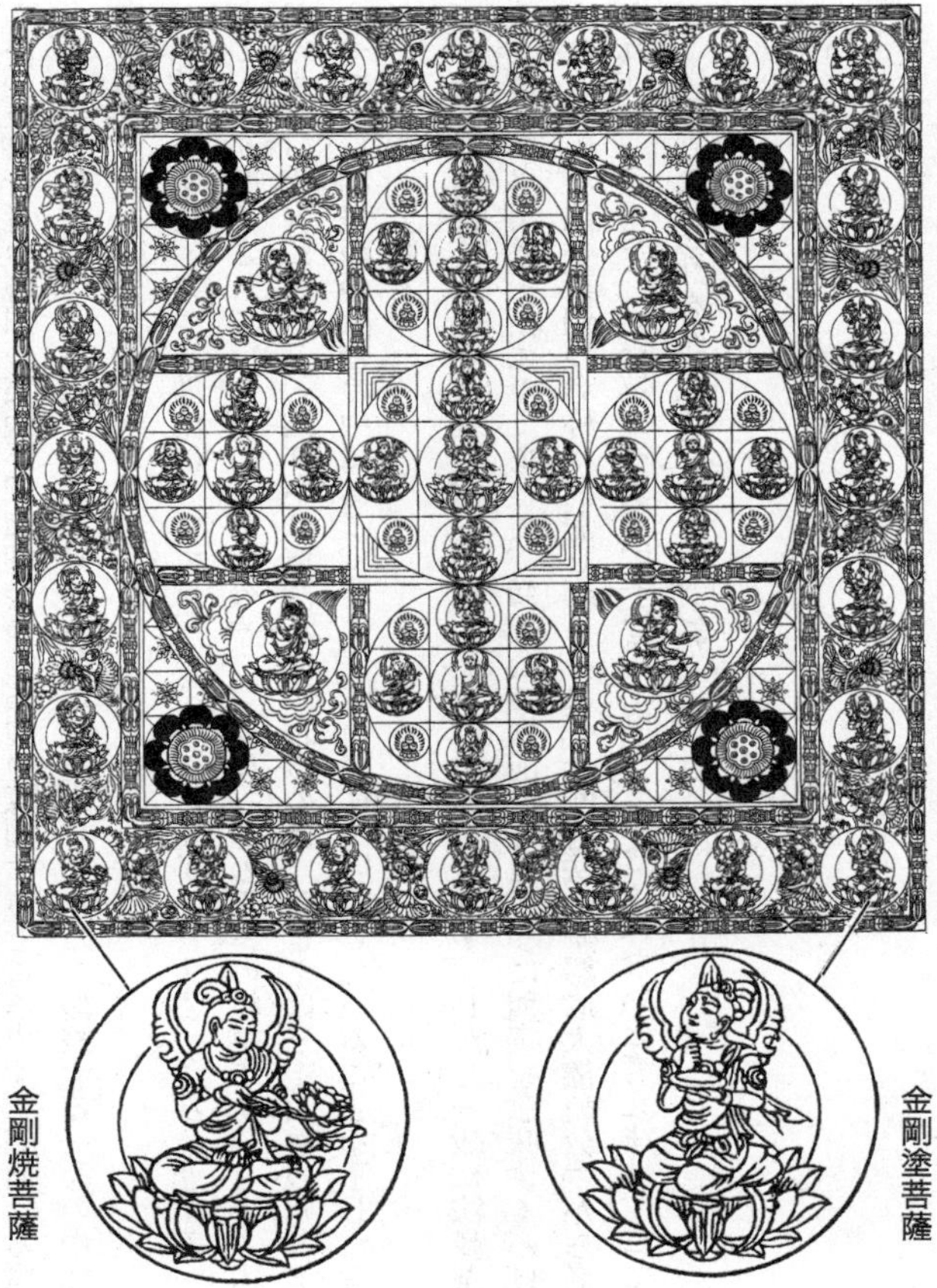

微細会は全尊が三鈷杵を背負っているのが特徴

ういった修行者の観想の実践が、微細会の曼荼羅の意図するところです。如何なる微細なところにも仏国土は存在し、大日如来の智慧が展開されていると観察する、心の中に大宇宙があればこそ成り立つ考えといえましょう。

三鈷杵を背負っている理由については、いくつかの説があります。仏部・蓮華部・金剛部の三部が凝縮されているといったものや、身《しん》・口《く》・意《い》の三密《さんみつ》の標幟であるというものなどです。いずれにせよ、三鈷杵中に尊像が描かれるのは、たとえば三十七尊のそれぞれがすべて大日如来の金剛智の中にあり、その三昧の境地が展開していることを示したものということができます。

この微細会は、四種曼荼羅の法曼荼羅に配する説もあります。しかし一般に法曼荼羅といえば種字曼荼羅を指すのであって、微細会では前述したように種字を意味するわけではありません。法曼荼羅の名称は前記したように「金剛智法曼拏羅広大儀軌分」から名づけられたのであって、四種曼荼羅の法曼荼羅と混同すべきではないと考えます。ここでは「金剛微細なる法性を観察する」と見るのが妥当です。

供養会《くようえ》

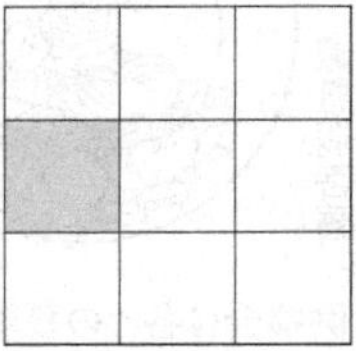

大日如来の供養

供養会《くようえ》は、九会曼荼羅の向かって左側の中央、すなわち南方に位置します。構造は、三昧耶会や微細会と同様ですが、この二会と異なる供養会の特徴は、三十七尊のうち五仏を除く三十二尊が、尊形の上で各々の誓願を示した三昧耶形を載せた蓮華を執っていることです。基本的には成身会の相互供養がここでも示されることになります。

ただしここでは、四仏の十六種の供養が、成身会での説明が省かれていた十六大菩薩によって一八九頁のように示されます。

この十六の供養を以て、四仏が大日如来を供養するために「四波羅蜜菩薩」を示現します。これに対し大日如来は「内の四供養菩薩」を現し、四仏は「外の四供養菩薩」を出生し、さらに大日如来が「四摂菩薩」を出生する、といった動きは成身会での相互供養の考えと同じです。こういった供養の行為を行者自身に体現する観法が供養会で示されるのです。この瑜伽観法という実践が示されるので、供養会の別名として「事業会」とか「羯磨

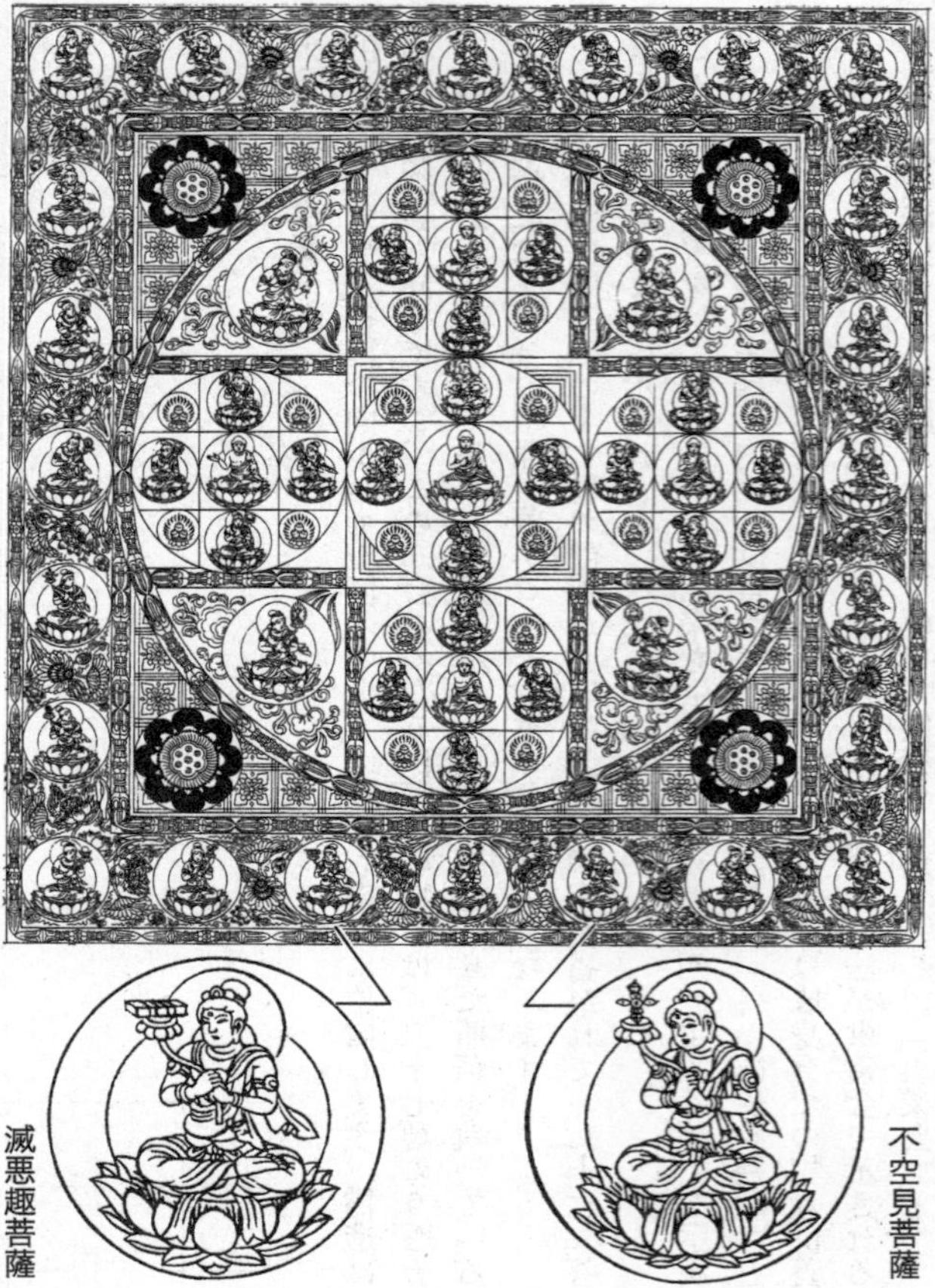

供養会は各々の誓願を示す三昧耶形を載せた蓮華を持つのが特徴

- 阿閦如来──菩提心供養
  - 菩提心を堅固にする……金剛薩埵
  - 菩提心を発起する……金剛王菩薩
  - 菩提心を清浄にする……金剛愛菩薩
  - 菩提心を以て衆生を成熟する……金剛喜菩薩
- 宝生如来──灌頂供養
  - 仏に礼敬する……金剛宝菩薩
  - 仏に随喜する……金剛光菩薩
  - 仏に奉仕する……金剛幢菩薩
  - 仏に廻向する……金剛笑菩薩
- 無量寿如来──法供養
  - 諸法は自性として清浄とする……金剛法菩薩
  - 一切の苦を断除する……金剛利菩薩
  - 正法を得る……金剛因菩薩
  - 悟りの声を聞く……金剛語菩薩
- 不空成就如来──羯磨供養
  - 金剛身を得る……金剛業菩薩
  - 法身を得る……金剛護菩薩
  - 金剛薩埵となる……金剛牙菩薩
  - 仏の真実体を得る……金剛拳菩薩

会」ともいいます。

供養とは何か

このように教理化され供養に様々な意味が込められてくるのですが、最初はもっと現実的なものでした。供養とはサンスクリットのプージャーの訳で、これは尊敬・崇拝などの意味です。もともとは出家者に対し信者が布施した「飲食・衣服・湯薬・牀臥具」といった基本的に必要な四事供養がその代表でした。阿羅漢を「応供養」と呼び、供養を受けるに値する人としたのは、最初期は人に対する施しが供養であったことを示しています。しかし、それが大乗仏教となると、同じ「応供養」という言葉が釈尊の異名となり、供養の意味も質的に変化していき、そして供養の内容や意味が深まり、次第に教理化していきました。たとえば供養には様々なものがありますが、大乗仏教や密教を含め代表的なものを挙げれば次のようなものがあります。

三種供養……利養（衣服・臥具）・恭敬（香花など）・行（修行・信戒行）
四種供養……①合掌・閼伽《あか》・真言・運心　②懸絵・燃燈・散華《さんげ》・焼香
五種供養……塗香《ずこう》・花・焼香・飲食・灯明
六種供養……閼伽・塗香・花鬘《けまん》・焼香・飲食《おんじき》・灯明

十種供養……花・香・瓔珞・塗香・末香・焼香・繒蓋《そうがい》・幢幡《どうばん》・衣服・伎楽

密教では供養を、「塗香は浄らかなことを意味し、自心の煩悩を清めるのである。花は慈悲である。焼香は慈悲や智慧が遍く広がりあらゆる人に及ぶ意味がある。飲食は仏の甘露な悟りの味である。灯明は仏の闇を破す光明であり、人々を照らす智慧の光である」と解釈するのです。

四印会　しいんえ

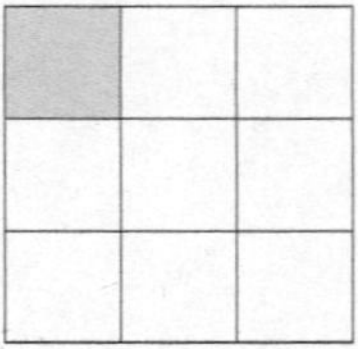

凝縮された五仏の働き

四印会《しいんえ》は九会曼荼羅の西南の隅、すなわち向かって左の上段に位置しています。この会を見ると、中央に大日如来が坐し、そのまわり東には金剛薩埵、南には金剛宝菩薩、西には金剛法菩薩、北には金剛業菩薩が坐しています。そして「内の四供養」と「外の四供養」の、いわゆる八供養と四波羅蜜が三昧耶形で描かれています。

これを見て分かるように、四印会は阿閦如来・宝生如来・無量寿如来・不空成就如来を取り巻く四菩薩の代表を大日如来の周りに配しています。これら金剛薩埵・金剛宝菩薩・金剛法菩薩・金剛業菩薩の四菩薩は、そのまま菩薩の働きを示しています。すなわち四印会は五仏の働きをここで凝縮して示しているといえましょう。

なぜ四印会が示されなければならないのでしょうか。これについて伝統的には「現證三昧大儀軌分」の説をとっています。すなわち「善方便なくして衆妙の事業を了知することあたわず。以下劣精進の故に、一切如来の部の曼荼羅の中において、また作《な》しおわるとい

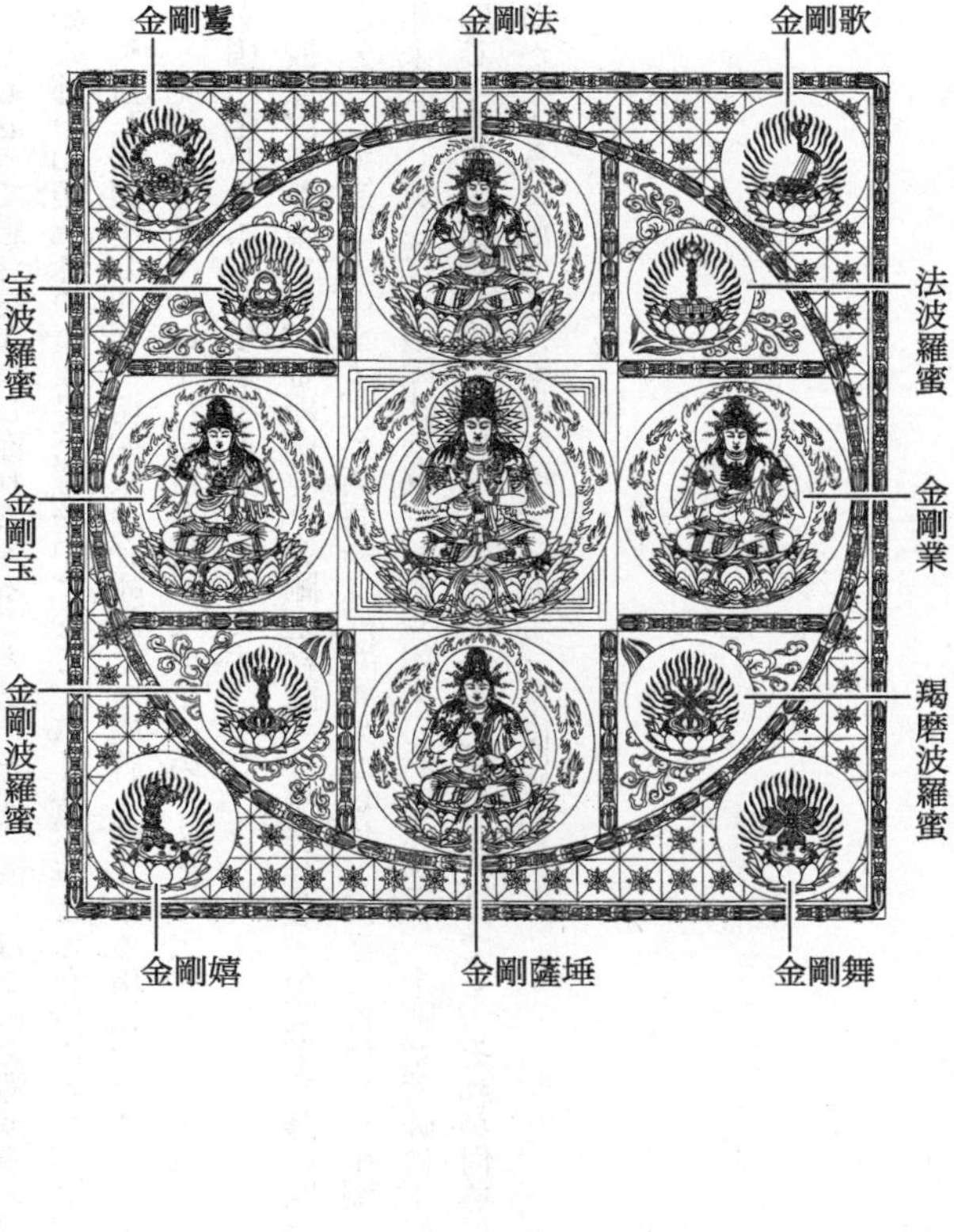
金剛鬘
金剛法
金剛歌
宝波羅蜜
法波羅蜜
金剛宝
金剛業
金剛波羅蜜
羯磨波羅蜜
金剛嬉
金剛薩埵
金剛舞

えども返って思念を起こし怖れて入ることあたわず。彼らはこの金剛成就の曼荼羅の一切如来部の印契《いんげい》三昧の真実曼荼羅の中に於て、広く普尽無余の有情界のために、彼らを救度し利益し安楽にし乃至《ないし》一切如来の金剛最上の成就を建立する事相をなすことあたわず」という記述をもとに、いまだ修行が足りない弟子のために「大・三・法・羯」の四種曼荼羅を簡略化して示した曼荼羅と説いています。

観蔵院曼荼羅では、金剛薩埵・金剛宝菩薩・金剛法菩薩・金剛業菩薩の四菩薩の身体を色分けして描いています。金剛薩埵は阿閦如来の身体と同様に青色に、金剛宝菩薩は宝生如来と同じ黄色に、金剛法菩薩は無量寿如来と同じ赤色に、金剛業菩薩は不空成就如来と同じく緑色に塗られています。これは尊像の色を見ただけでも、それが何尊に関係するか分かるように配慮したものです。(口絵カラー図版参照)

一印会《いちいんえ》

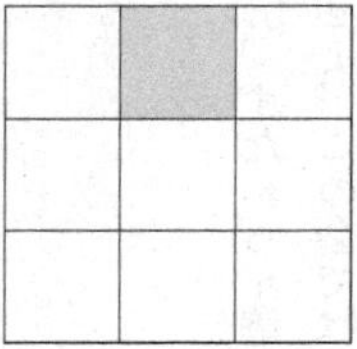

一尊のみ

一印会《いちいんえ》は九会曼荼羅の中央上部、成身会の上、西方に位置します。この会の特徴は、これまでの会とは異なり、ただ一尊が描かれているのみという点です。これを「一尊《いっそん》曼荼羅」といいます。一尊曼荼羅とは、たとえば成身会のように悟りの全体を観想するのではなく、一尊をのみ観法の対象とするためのものです。

曼荼羅全体を観想することは至難の業《わざ》です。それゆえ一尊を取り出し、その尊を通じて背後にある真理、その尊がもつ誓願などを体現するのです。この対象とする尊は、鋳造・刻像などの立体的なものはもちろん、図絵された尊像でも、あるいは三昧耶形でもよいのです。

菩薩形・智拳印

この会に描かれる大日如来の尊像を見ると、五仏の宝冠をつけ、頭髪は長くした菩薩形です。身体は様々な瓔珞《ようらく》で飾り、天衣を羽織り裙《くん》をつけています。そして胸の前で智拳印《ちけんいん》を結び、静寂な面《おも》もちで端坐しています。大日如来が戴く五仏の宝冠は五智を示し、菩薩形は現世で人々と歩む姿勢を示し、身につけた種々な装飾品が功徳を示していることの詳細はすでに述べました。（七六頁参照）

金剛界大日如来の特徴は、胸の前に結んでいる智拳印です。この印は、まず左手を拳《けん》にして人差指を伸ばし、右手は金剛拳にして、左手の人差指を握っています。この印の意味についてはいくつかの解釈があります。

①左手は衆生の五大であり、迷いの世界を意味する。右手は仏であり、五智を表す。左手の人差指は、衆生の首の部分である。すなわち、仏の智慧で衆生を包み込んでいることを示している。

②左手は胎蔵法、右手は金剛界とする。左手は五大であり胎蔵の理塔を表す。右手は塔の上の九輪であり、具体的には金剛界の五仏そして四波羅蜜を表す。

③智拳印は、そのまま金剛界の大日如来の種字である、の形である。

このように智拳印は様々な解釈がなされていますが、一般には①の理解、すなわち左拳で示された迷界が、右手の仏智に合一する、とされています。いずれにせよ、この会では

大日如来を観想して、悟りを成就する修行がなされるのです。

大日如来と金剛薩埵

さて、現図曼荼羅では図のように大日如来が描かれていますが、『金剛頂経』によれば金剛薩埵を描く旨が記されています。すなわち「現證三昧大儀軌分」第五によれば、

その時あらゆる徳を具えた金剛手菩薩摩訶薩は、広くこの世の人々を余すところなく救済したいと願い、大日如来の無上の成就を得させたいとの思いから、この大乗現證の三昧曼荼羅を示した。今ここで順に演説することは、最上なる金剛薩埵の曼荼羅であり、その姿はまさに金剛界如来そのものである金剛薩埵の曼荼羅を示すのである。大曼荼羅の働きにもとづいて、外の曼荼羅を作りなさい。すなわち浄月輪の中に、金剛薩埵の姿を安置し描きなさい。

とし、金剛薩埵を描けとあります。

なぜ現図曼荼羅は、金剛薩埵を描かず大日如来を描いたのでしょうか。一つの説として栂尾祥雲著『曼荼羅の研究』（高野山大学出版部）は、「何故に現図にはこれを毘盧遮那《びるしゃな》としたかというと、それは本経の一印会の終わりに、その会の成就法（sādhana）やその観

法等はすべて成身会の如くせよとある。然るにその成身会の儀軌には十六尊の上首として金剛薩埵の三摩地法を説いてあると共に、五仏の代表としての毘盧遮那の三摩地法を説いているからである」としています。この説にしたがえば、毘盧遮那すなわち大日如来は、一切のものの総体であり、すべてがここに帰一することになります。金剛薩埵は、大日如来から流れでた菩提心の標幟です。それゆえ全ての根本である大日如来を描くことは、決して経の意に反しないというのです。言い換えれば、一尊として修すべき三摩地法として毘盧遮那法は為さねばならぬものであるから、現図曼荼羅はこれを本義としてここに描いたものなのでしょう。

こういった理由の他に、次の理趣会との関係もあると考えられます。理趣会は金剛薩埵が中心となるところです。それゆえ一印会は、金剛薩埵を描くより大日如来の方がふさわしいと考えられるからでしょう。

理趣会《りしゅえ》

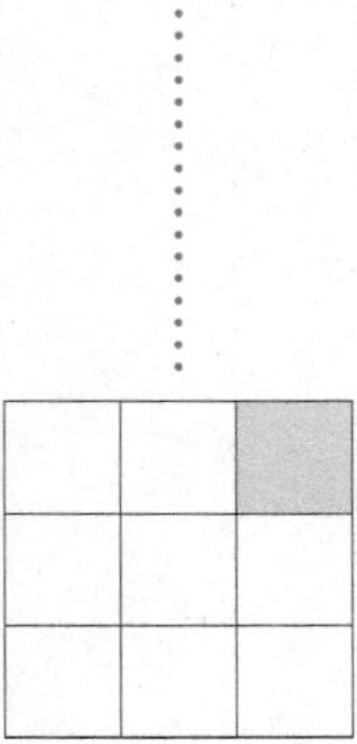

現実世界の肯定

理趣会《りしゅえ》は九会曼荼羅の右上方、すなわち西北に位置します。理趣会の構造を見ると、中央に金剛薩埵が坐しています。そして東に慾金剛《よくこんごう》、南に触《そく》金剛、西に愛金剛、北に慢《まん》金剛が描かれています。東南には金剛焼香、南西に金剛華、西北に金剛燈、北東に金剛塗香の「外の四供養菩薩」が配されます。さらに外側には、嬉・鬘・歌・舞の「内の四供養菩薩」、それに鉤・索・鏁・鈴の「四摂菩薩」の計十七尊が描かれています。

この会は、他の会と異なり、『金剛頂経』の経説と符号しません。内容的には『七巻理趣経』にもとづくものと考えられます。なぜなのかというと、その理由については、不空訳『金剛頂瑜伽十八会指帰』に「一印曼荼羅　具十七」とあることから、一印会は十七尊からなると考える説が出てきます。こういったことから、伝統的には一印会を二つに分け、その一つを理趣会として描いたとします。一印会は一尊とし、その一尊を金剛薩埵とすると金剛薩埵が二重になるので、これに代え大日如来とした、といわれます。そして『理趣

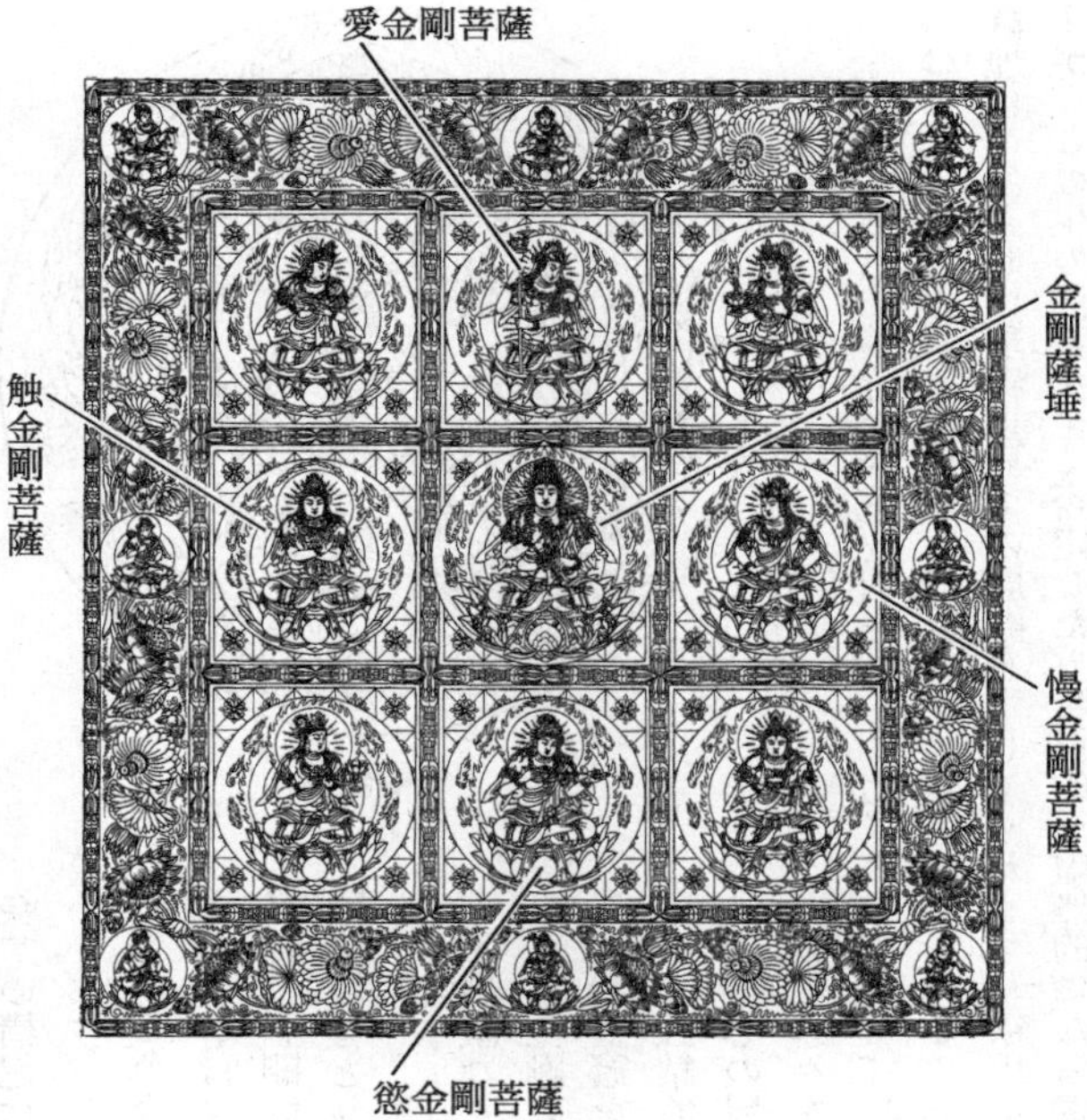
愛金剛菩薩
金剛薩埵
触金剛菩薩
慢金剛菩薩
慾金剛菩薩

会』の構想は『七巻理趣経』によったといいます。

さてこの会の一番の特徴は、他の会の中心の尊はすべて大日如来ですが、ここだけは金剛薩埵という点です。しかも金剛薩埵をとりまく八人の尊は、慾・触・愛・慢と、四隅の四人の女尊という何とも不思議なものです。

まず金剛薩埵の尊像を見ると、頭には五智の宝冠を載せ、右手には五鈷杵、左手には五鈷鈴を持っています。金剛薩埵は菩提心の展開を表す尊です。左手の金剛鈴で人々を迷いから目覚めさせ、右手

金剛薩埵

の金剛杵の五智の働きで煩悩を打ち砕いて行くさまを表しています。大日如来は悟りそのものであるから、我々は悟らなければその真実の姿を見ることができません。しかし金剛薩埵は、生々しい現実世界での展開を示してくれます。欲望に満ちたこの世界ではありますが、この生の活動を全く否定したら厭世的・虚無的にならざるをえません。私たちが存

在しているこの現実を積極的に肯定していくことから出発する姿勢、いわば煩悩即菩提という視点からの思考が密教の一つの特徴なのです。

慾・触・愛・慢の四菩薩

煩悩即菩提という考えが端的に表されているのが、慾・触・愛・慢の四菩薩です。

慾金剛菩薩は、図を見ると両手に矢を持ち射るような格好をしています。これはインドの神話に登場する愛欲心カーマにもとづきます。すなわち、矢で人のハートを射ぬき愛の炎を燃え立たせるのです。たとえば男がセクシーな女性を見て、自分のものにしたいという男性が本来的に持っている欲望です。愛は盲目というように、一つ間違うと愛は嫉妬心ともなり憎しみに転じます。しかし理趣会では、欲望そのものは人間を成り立たせている基本的なエネルギーとして積極的に認めるのです。ここでの慾金剛菩薩の愛は嫉妬ではなく、広く衆生を愛しく思う慈悲の思いであり、衆生救済の大欲を示しているのです。

触金剛菩薩は、胸の前で両手でしっかりと抱く姿をしています。これは男性が女性を抱擁する姿です。触とは触れることで、ここでは快楽を求める相手に触れようとする欲望を示しています。尊像が両手を交差させている姿で描かれているのは、相手を抱きしめたいという気持ちを表したものです。愛する人に触れることは、愛情の一つの表現です。こういった形で示される純粋な愛の気持ちは、そのまま金剛薩埵の衆生に対する愛です。ここ

慾金剛菩薩

触金剛菩薩

では触れるという行為を質的に転化して、金剛薩埵の菩提心に触れることを示唆しているのです。

愛金剛菩薩は、大摩《だいま》竭《かつ》という大魚を載せた幡を持った姿で描かれています。大摩竭は空想上の大魚で、大食漢で何でもむさぼり、きりがないといいます。ここでは大摩竭を描くことによって、愛欲のすさまじさを表しています。女性に触れた後、次にすることは食べることです。しかしここでは一切衆生を限りなく愛する金剛薩埵の、どん欲なまでの慈悲のエネルギーです。貪欲も菩提へ振り向けられたとき、迷い苦しむ衆生に対する限りない愛になります。ここでは金剛薩埵の衆生への無量の愛を表しているのです。

慢金剛菩薩は、手を股のあたりに置いています。驕《おご》る心を表しているのです。慢とは心のたかぶりです。自己中心で、自分が満足すれば他人はどうなっても構わないことを示しています。しかし抱擁によって得た満足は、方向を変えれば積極的に衆生救済をし人々に

慢金剛菩薩

愛金剛菩薩

悟りの喜びを与える思いとなります。すなわち慢金剛菩薩は、金剛薩埵の衆生救済の心のすさまじいばかりの積極性を示したものです。

こういった考えは『理趣経』に説かれる「十七清浄句」に象徴的です。いずれにせよ理趣会は、金剛界曼荼羅において特異な部分ではありますが、密教の特徴を示すところでもあり重要です。

降三世会

ごうぜんぜえ

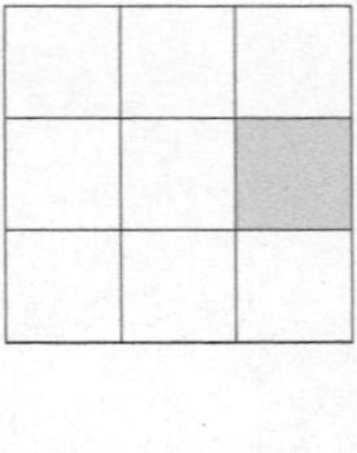

降三世《ごうざんぜ》会《え》は、九会曼荼羅の北側、ちょうど理趣会の下に位置します。『金剛頂経』の「降三世曼拏羅広大儀軌分」の記述にもとづき描かれたものです。構造は成身会と同じですが、この会の著しい特徴は、成身会で金剛薩埵の位置する場所に、降三世明王《ごうざんぜみょうおう》が代わって描かれていることです。更には大日如来を除く四仏が、すべて両手を交差させた姿、すなわち忿怒《ふんぬ》形で描かれていることです。更に外金剛部の四隅には、東南に大威徳《だいいとく》明王、南西に軍荼利《ぐんだり》明王、西北に降三世明王、北東に不動明王の四大明王が描かれていますが、ただこれらはすべて女尊形で描かれ、それぞれの明王の妃とされています。ただし八十一尊曼荼羅を見ると、この場所には忿怒の明王像が描かれています。また同じ八十一尊曼荼羅でも、妙法院版と石山寺版では尊像が相違しており、古来より様々な解釈がなされているところでもあります。

降三世明王

降三世明王の尊形を見ますと、顔は四面で忿怒の相をし、八本の手を持ち、そのうち二

降三世明王

不動明王妃

本は胸の前で降三世の印を結び、残りの六本の手には様々な武器を持っています。そして左右の足下には、大自在天《だいじざいてん》とその妃烏摩《うま》を踏みつけているという異様な姿です。降三世という名にはどんな意味があり、またなぜ大自在天を踏みつけているのでしょうか。

まず降三世という名の意味については、『大日経疏』に「降三世の三世とは何か。この名のうち世とは世間のことで、三とは貪《とん》・瞋《じん》・癡《ち》である。この世間にある三毒を降伏したので、降三世と名づけるのである。（中略）よく三界の主を降伏する故に降三世明王と名づく」と二つの理由が記されています。また一般に三世といえば過去・現在・未来のことであることから、三世にわたって蠢《うごめ》く煩悩を降伏させたとの解釈もあります。さらに『金剛頂経』によれば、降三世明王は三界の主たる大自在天を降伏させた尊格としています。

大自在天と烏摩

降三世明王が登場するいきさつについては、『金剛頂経』に次のようにあります。

あるとき大日如来は、仏法に耳を傾けない大自在天を中心とする一族に法を説くよう、金剛薩埵に命じた。金剛薩埵は彼らには慈悲の姿で接しても無駄であるとし、金剛薬叉《やくしゃ》に身を変じて赴いた。しかし大自在天の一族は「自分は三界の主である。どうして卑賤な金剛薬叉の意見など聞けるか」といい頑強に逆《さか》らった。そこで金剛薬叉はさらに忿怒し「ウン」という明咒《みょうじゅ》を唱えると、大自在天とその一族は苦悩の声を出し地に倒れた。そこで

「もし汝らが三宝に帰依し、私と共に如来のもとに行くならば、苦悩はなくなる」といったが、大自在天のみは「たとえ三宝に帰依しても、おまえのいうことは聞けない」といって助けを大日如来に求めた。しかし大日如来は「汝を救うものは、忿怒の金剛薩埵しかない」として応じなかった。そこで大自在天は怒り「たとえ死んでもおまえの言うことなど聞かない」といったところ、金剛薩埵は降三世明王に姿を変え、大自在天とその妃烏摩を踏みつけた。これを見た大日如来は、慈悲の明咒を唱え大自在天を救った。これによって大自在天をはじめその一族は仏教に帰依した、というのです。

彼らは煩悩に染まった剛強難化の衆生の象徴であり、忿怒の金剛薩埵は大日如来の教えを必死になって広めようとする姿なのです。四方四仏の忿怒の印は、顔は慈悲の尊容ですが、心は煩悩を退治する厳しい姿勢を表しています。

また降三世明王の本名は、ソンバあるいはニソンバであるという話もあります。ソンバ・ニソンバはもと阿修羅の兄弟で、その昔に大自在天に降伏されたものであるといいます。だから降三世明王の真言の「オン　ソバニソバ　ウン……」の中のソバニソバは、ソンバ・ニソンバの名前です。降三世明王は大自在天を降伏するとき、この阿修羅の兄弟の相を現したともいわれています。この話は前述したアフラと大日如来とも関係することから、密教とゾロアスター教の関連を見るうえでも興味深い話です。

大自在天と烏摩は貪・瞋・癡の三毒、あるいは煩悩障・所知障の二障ともいいます。いずれにせよ降三世の定・慧の足で煩悩を踏みつけることで、仏教の智慧が展開していることが表されているといえるでしょう。

降三世三昧耶会　ごうざんぜさんまやえ…………

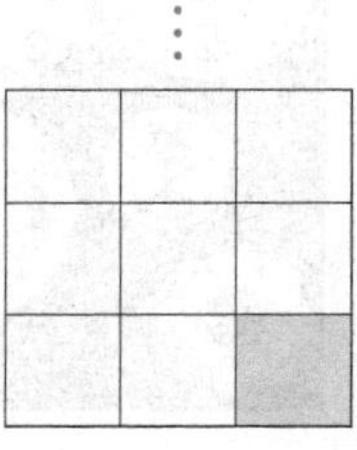

ソンバ・ニソンバの真言

降三世《ごうざんぜ》三昧耶会《さんまやえ》は、九会曼荼羅の向かって右下、北東に位置します。『金剛頂経』の「忿怒秘密印曼拏羅広大儀軌分」の記述によって描かれたものです。いうまでもなく三昧耶会とは、諸尊の誓願を仏具などによって描いたものですが、この場合は、降三世会の三昧耶形ということになります。それゆえ内容は改めて説明する必要はないと思います。ただ、お経の記述と現図曼荼羅の尊容とに食い違いがあります。中央の大日如来は、経には仏形像を置けとありますが、現図では宝塔となっているのがその一例です。

参考のため降三世三昧耶会の三昧耶形を示しておきます。なお、この会の「種字曼荼羅」は、大自在天を降伏させるために唱えたソンバ・ニソンバの真言で書かれています。その真言は、「オン　ソバニソバ　ウン　ギャリカンダ　ギャリカンダ　ウン　ギャリカンダ　ハヤ　ウン　アノウヤ　コク　バギャバン　バザラ　ウン　ハッタ」というものです。この真言を各尊に当てはめれば、二一三頁からのごとくです。

降三世会(上)と種字降三世会(下)

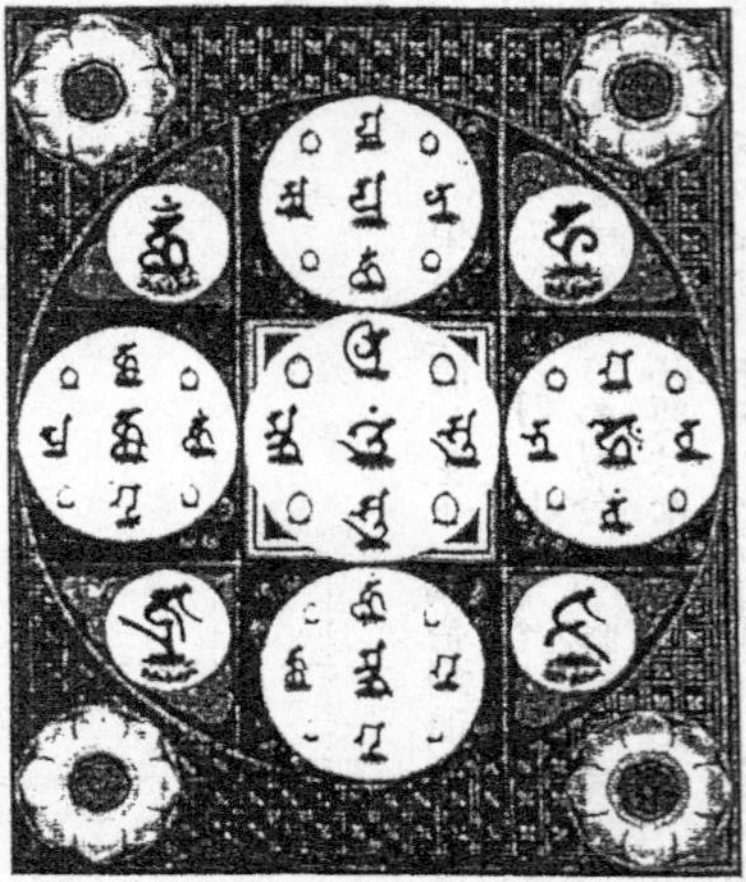

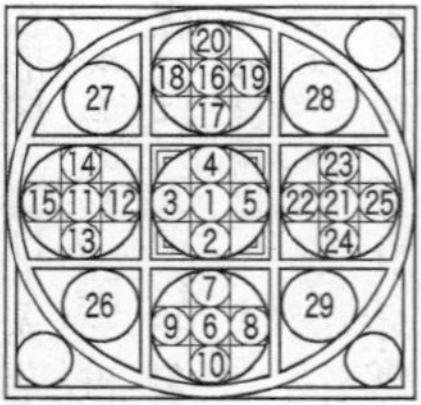

1. 大日如来
2. 金剛波羅蜜菩薩
3. 宝波羅蜜菩薩
4. 法波羅蜜菩薩
5. 羯磨波羅蜜菩薩
6. 阿閦如来
7. 降三世明王
8. 金剛王菩薩
9. 金剛愛菩薩
10. 金剛喜菩薩
11. 宝生如来
12. 金剛宝菩薩
13. 金剛光菩薩
14. 金剛幢菩薩
15. 金剛笑菩薩
16. 無量寿如来
17. 金剛法菩薩
18. 金剛利菩薩
19. 金剛因菩薩
20. 金剛語菩薩
21. 不空成就如来
22. 金剛業菩薩
23. 金剛護菩薩
24. 金剛牙菩薩
25. 金剛拳菩薩
26. 金剛嬉菩薩
27. 金剛鬘菩薩
28. 金剛歌菩薩
29. 金剛舞菩薩

	【尊名】	【三昧耶形】	【種字】
1.	大日如来	横五鈷杵上に仏塔	オン oṃ
2.	金剛波羅蜜菩薩	蓮華上五鈷杵	ソ śu
3.	宝波羅蜜菩薩	三弁宝輪	バ mbha

降三世
三昧耶会

大日如来の三昧耶形
横五鈷杵上に仏塔

降三世明王の三昧耶形
十字五鈷杵

4.	法波羅蜜菩薩	独鈷茎の未敷蓮華	ニ	ni
5.	羯磨波羅蜜菩薩	蓮華上羯磨杵	ソ	śu
6.	阿閦如来	蓮華上に横の五鈷杵、その上に立てた五鈷杵	バ	mbha
7.	降三世明王	十字五鈷杵	ウン	hūṃ
8.	金剛王菩薩	双立金剛鉤	ギャリ	gṛ
9.	金剛愛菩薩	双立三鈷杵	カンダ	hṇa
10.	金剛喜菩薩	二手双立金剛拳弾指	ギャリ	gṛ
11.	宝生如来	横金剛杵上三弁宝珠	カンダ	hṇa
12.	金剛宝菩薩	三弁宝珠	ウン	hūṃ
13.	金剛光菩薩	日輪	ギャリ	gṛ
14.	金剛幢菩薩	如意幢幡	カンダ	hṇā
15.	金剛笑菩薩	笑杵	ハ	pa
16.	無量寿如来	横五鈷杵上独鈷上開蓮華	ヤ	ya
17.	金剛法菩薩	蓮華独鈷杵	ウン	hūṃ
18.	金剛利菩薩	三鈷剣	ア	ā
19.	金剛因菩薩	八輻輪	ノウ	na

20.	金剛語菩薩	如来舌	ヤ	ya
21.	不空成就如来	五鈷杵上羯磨杵	コク	hoḥ
22.	金剛業菩薩	羯磨杵	バ	bha
23.	金剛護菩薩	甲冑三鈷杵	ギャ	ga
24.	金剛牙菩薩	二半三鈷杵	バン	vaṃ
25.	金剛拳菩薩	二手金剛拳	バ	va
26.	金剛嬉菩薩	曲三鈷杵	ザラ	jra
27.	金剛鬘菩薩	宝鬘	ウン	huṃ
28.	金剛歌菩薩	箜篌	ハッ	ha
29.	金剛舞菩薩	羯磨杵	タ	ṭa

これを図示した降三世会・降三世三昧耶会・種字降三世三昧耶会の曼荼羅の三図（いずれも大円の部分図）を掲げました。対照してみて下さい。

残された諸尊の真言は、順次これを配したものです。

おわりに

これで一通り曼荼羅の見方を述べ終えたのですが、もとよりこれはあくまでも一応の解説であり、曼荼羅のすべてではありません。なぜなら曼荼羅に描かれた尊像のうち、実際に取り上げたものは僅かであり、また教理的なことは概説できたとしても、曼荼羅を創り出したその背後にある様々な人々の願いや叫びまで語ることができなかったからです。しかし、それは曼荼羅を見た方々が、それぞれに思いをめぐらすことであるかも知れません。

曼荼羅は経典に説示される教理を図絵として表現したものであり、視覚を通して私たちに訴えかけるものです。その意味で曼荼羅は経典とは全く異なる力を持つことになりますが、そのもととなる経典も一朝一夕にできたものではなく、大勢の仏教徒が数十年の歳月を費やして完成させたものです。それゆえ一字一句意味のない言葉はない、といってもよいでしょう。

大乗仏教を信仰する人々は、経典を受持・読誦することで釈尊と一体となることを確信していましたし、それが大乗仏教運動の根幹でした。大乗仏教徒は経典や仏塔を受持・読誦・礼拝・供養をなすことを通じて、衆生の側から釈尊に近づこうとしました。

これに対し密教は、釈尊を含めたあらゆる仏・菩薩は大日如来の顕現したものとし、仏の側から衆生に歩みよってきてくれるものと捉えたのです。たとえば曼荼羅は、大日如来が私たちに示したメッセージです。本書で三昧耶形の話をしましたが、三昧耶形とは狭義の理解では法具などで示された曼荼羅を指します。しかし実はすべての現象は大日如来の三昧耶形であり、曼荼羅はその凝縮であります。密教は大日如来のメッセージを伝えるためのものとして、多くの人と時間を費やし曼荼羅を創り出したのです。

それゆえ曼荼羅は単なる飾りものの絵ではありません。多くの人の願いを受けて、大日如来が示した慈悲と智慧が満ちた仏の世界を示したものです。だから曼荼羅を見て感動を覚えるのは、絵の奥に秘められた思いが無言のうちに伝わってくるからです。そしてそれを伝えるためには、精根を込めたものでなければなりません。もはやこれは言語では表現し尽くせない世界です。

本書が使用した曼荼羅の尊像図は「観蔵院曼荼羅」のものです。観蔵院曼荼羅は、模写ではなくデッサンから描きあげたものです。下絵は『大日経』や『金剛頂経』などを読み、内容理解につとめ四年かけて成し遂げました。『曼荼羅図典』（大法輪閣）の図像はその成果です。そしてこのたび完成した金剛界曼荼羅は、新たに八尺幅という大きな絵絹を織り上げ、その上に描かれました。この絵絹に下絵を写し彩色が終わるまで六年、彩色した上に截金《きりかね》を施すのに二年、すなわち十二年という歳月と労力を費やし、染川英輔画伯が一人で作り上げたものです。まさに精根を傾けて。

内容的には勇気をもってかなり大胆な決断をし、結果的にこれまでの曼荼羅にないものとなりました。それまでの曼荼羅はすべて模写によるもので、たとえ内容的に問題があったとしてもそのまま伝えていました。なぜなら現図曼荼羅は弘法大師が請来したものであり、一部といえどもそれを改変することは心が怯《ひる》むのです。しかし祖師・空海が請来した曼荼羅は現存しておらず、それを模写するときはかなり損傷が激しかったのです。ですから何回も模写を繰り返すうちに、誤って描いてしまう可能性も十分にあります。私たちは祖師を尊敬するあまりに、必要以上に臆病になってはいないだろうかと、あれこれ悩みました。

曼荼羅は経典の記述に沿って描かれたものです。その経典は如来の教説を記したものであり、多くの修行者の宗教体験にもとづき編纂してきた以上、その記述は重要です。私たちは決断し、経典をしっかり読んだ上で、模写でない曼荼羅を描いたのです。それが観蔵院曼荼羅なのです。

本書が観蔵院曼荼羅を用いたことは、伝えることの重要性と、自分の立場からもう一度再考することの重要性の二つを訴えたかったからです。曼荼羅を鑑賞するとき、何がどうなのか、どこがどう違うのか、それが何を意味するのか、等々のことを本書を利用し考えていただければ幸甚です。

なお、本書を著す動機となったのは、観蔵院曼荼羅を拝観に来られる方々に配布した簡単な説明書にあります。この説明書は金剛界曼荼羅の構造を概説した、チラシ程度の本当に粗末なものでした。それを大法輪閣の本間康一郎氏が見て、どうせなら曼荼羅全部の説明をしたらどうか、と勧められたことにあります。

まだまだ不十分ではありますが、何とか形になったのは本間氏のお陰です。また、最後に掲載した金剛界の種字曼荼羅は、種智院大学の児玉義隆先生のお書きになったものを利用させていただきました。その他の種字と須弥山図は小峰智行の手によるものです。併せて深く感謝を申し上げます。

一九九七年六月

文庫版あとがき

大乗仏教とは異なり、密教の理解は簡単ではありません。たとえば浄土教は念仏、禅宗は座禅、日蓮宗はお題目、といったように数多い仏教の教えの中から一つを選択し、それを要としているので簡潔明瞭に理解することができます。しかし密教は曼荼羅図を見ても分かるように、あまたの仏・菩薩を網羅していて総合的かつ複雑ですので、何をして密教としてよいのか判断が難しいのです。

曼荼羅は密教の全体像を示したものであり、その教理内容を表現したものが形像曼荼羅です。形像曼荼羅には種々な形態がありますが、中でも密教の教理から、組織的に論理性をもって造られたのが両部曼荼羅です。この両部曼荼羅は、日常言語を一切用いず「色と形」のみで見事に密教教理を表現したもので、世界に例を見ないものといえます。

密教の教えは曼荼羅に凝縮すると捉えた空海は、曼荼羅を求め入唐しました。もとより密教は奈良時代から日本に伝わってはいたのですが、その密教はまだ教理的に未成熟であり、密教の確証である曼荼羅は誰も見たことがない状況でした。

密教にとって曼荼羅は欠くべからざるものであることは、空海の師である恵果阿闍梨の

「真言秘蔵は経疏に隠密にして、図画を仮らざれば相伝することあたわず」との言葉に集約されています。これこそ「密教の神髄は曼荼羅にこそある」という提言なのです。そしてこのことは何よりも空海自身が、曼荼羅を密教の確証と受け止めていたことを示しているのです。

　曼荼羅を請来した空海は、曼荼羅をもとに真言密教の教えを日本に展開しました。空海の著作を見ると、そのいずれも曼荼羅思想を背景にしていることが明瞭に分かります。たとえば空海の代表作である『秘密曼荼羅十住心論《ひみつまんだらじゅうじゅうしんろん》』は、まさに空海の密教教学を体系的に著したものです。また三部の書である『即身成仏義《そくしんじょうぶつぎ》』『吽字義《うんじぎ》』『声字実相義《しょうじじっそうぎ》』なども、曼荼羅思想を背景に書かれたものなのです。ことに『般若心経秘鍵《はんにゃしんぎょうひけん》』などは、曼荼羅思想を理解せずして読み取ることは不可能です。曼荼羅思想は空海以降も日本に浸透し、垂迹曼荼羅なども生みだして神信仰とも結びつき日本人の心に定着したのです。

　それゆえ曼荼羅は密教の教理を表したというだけではなく、日本の精神文化にも多大な影響を与えました。「個性を尊重し調和をはかる」という曼荼羅の基本姿勢は、今日も大切にすべきものです。曼荼羅にある「自分は他によって生かされている」、という精神を大事にしたいと思っています。

　本書の刊行は、編集担当をしていただいた伊集院元郁氏から声をかけられたのがきっかけです。その上に入念に編集作業をしていただき、いろいろとご指摘いただいたことは誠に有り難く、心より感謝申し上げます。また本書によって、一人でも多くの方が曼荼羅に興味を持っていただけたら幸甚です。

二〇一六年一月

小峰彌彦

本書は、一九九七年に大法輪閣より刊行された『図解・曼荼羅の見方』に加筆修正し、改題して文庫化したものです。

図解《ずかい》 曼荼羅入門《まんだらにゅうもん》

小峰彌彦《こみねみちひこ》

平成28年 2月25日 初版発行
令和6年 10月10日 14版発行

発行者●山下直久

発行●株式会社KADOKAWA
〒102-8177 東京都千代田区富士見2-13-3
電話 0570-002-301(ナビダイヤル)

角川文庫 19627

印刷所●株式会社KADOKAWA
製本所●株式会社KADOKAWA

表紙画●和田三造

ISBN978-4-04-400015-8 C0115

◆◇◇